最強最悪の
信長軍を
倒せ！
【著】
瀬多海人
【イラスト】
匂歌ハトリ
天下分け目の頭脳戦
池田書店

登場人物紹介《とうじょうじんぶつしょうかい》

斎藤龍高

（さいとう たつたか）

美濃斎藤家分家筋《みのさいとうけぶんけすじ》の嫡男《ちゃくなん》。物語《ものがたり》のスタート時点《じてん》で12歳《さい》。うっすらと現代日本《げんだいにっぽん》の少年《しょうねん》の記憶《きおく》がある。

堀池宗好

（ほりいけ　むねよし）

一線《いっせん》を退《しりぞ》いて主人公《しゅじんこう》の守役《もりやく》となった老人《ろうじん》。心根《こころね》は優《やさ》しいが、融通《ゆうずう》は利《き》かない。

明智光秀

（あけち　みつひで）

美濃斎藤家《みのさいとうけ》にゆかりの人物《じんぶつ》。文武《ぶんぶ》に優《すぐ》れ、一見《いっけん》しただけでは文人《ぶんじん》に見《み》える。

織田信長

（おだ　のぶなが）

美濃国《みののくに》と接《せっ》する尾張国《おわりのくに》を統一《とういつ》した大名《だいみょう》。残虐《ざんぎゃく》で容赦《ようしゃ》のない人物《じんぶつ》と伝《つた》わる。

朝倉義景

（あさくら　よしかげ）

朝倉家当主《あさくらけとうしゅ》。文化芸術《ぶんかげいじゅつ》を好《この》み、臣下《しんか》の武功《ぶこう》にも報《むく》いるが、詰《つ》めの甘《あま》いところがある。

浅井長政

（あざい　ながまさ）

浅井家当主《あざいけとうしゅ》。高貴《こうき》さを漂《ただよ》わせている好青年《こうせいねん》。妻《つま》を大切《たいせつ》にする面《めん》も。

謎の姫

（なぞ　ひめ）

主人公《しゅじんこう》に対《たい》して興味《きょうみ》を持《も》ち、たびたび姿《すがた》を見《み》せる。良家《りょうけ》の姫《ひめ》のようだが……。

遊《あそ》び方《かた》

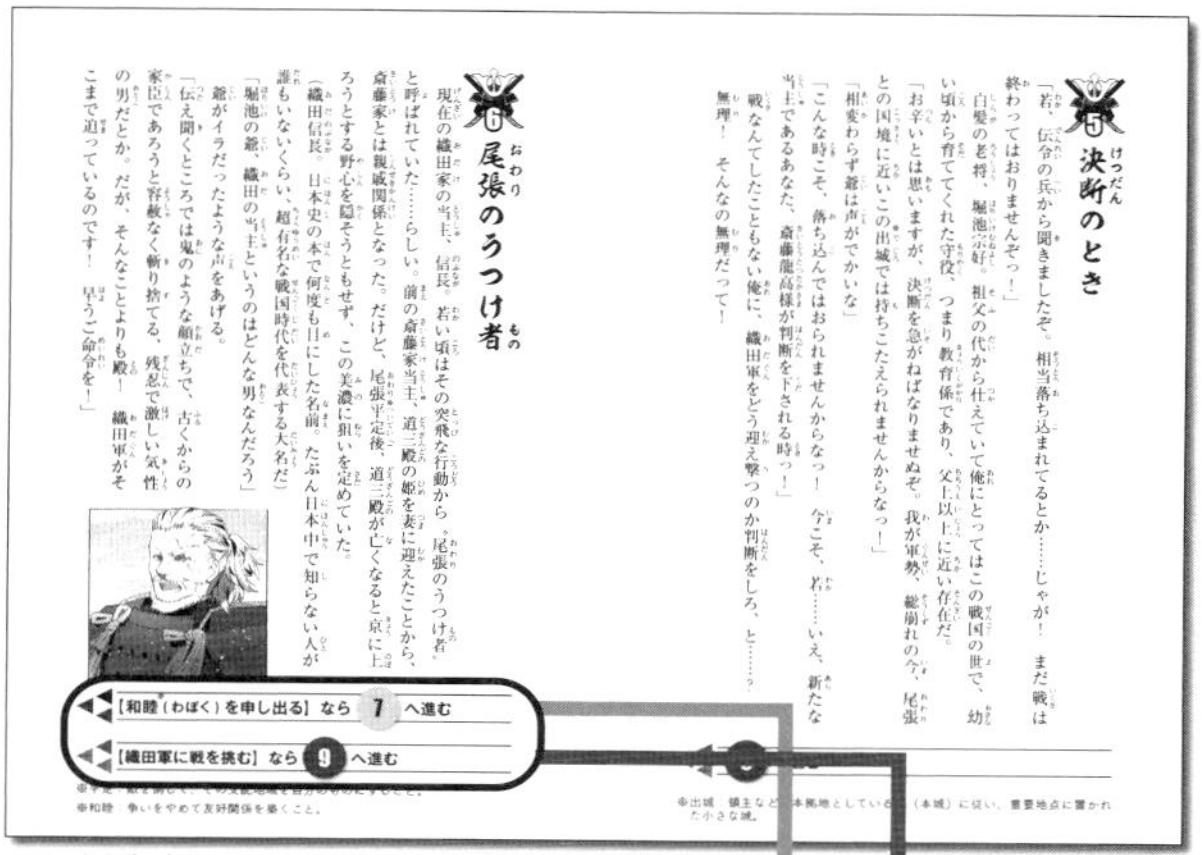

I 選択肢《せんたくし》から一《ひと》つを選《えら》んで番号《ばんごう》をチェック

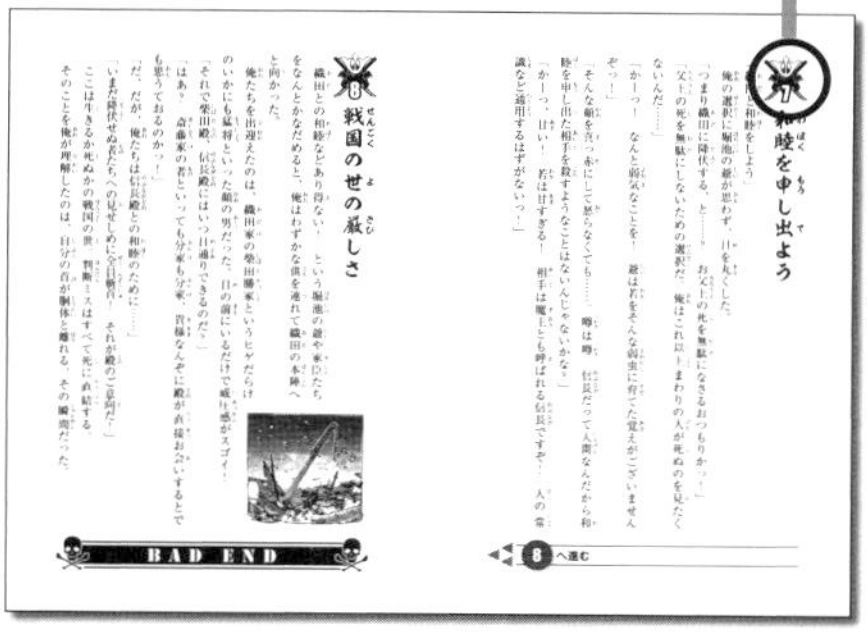

II 同《おな》じ番号《ばんごう》のページを探《さが》す。選《えら》んだ選択肢《せんたくし》で物語《ものがたり》が変化《へんか》する

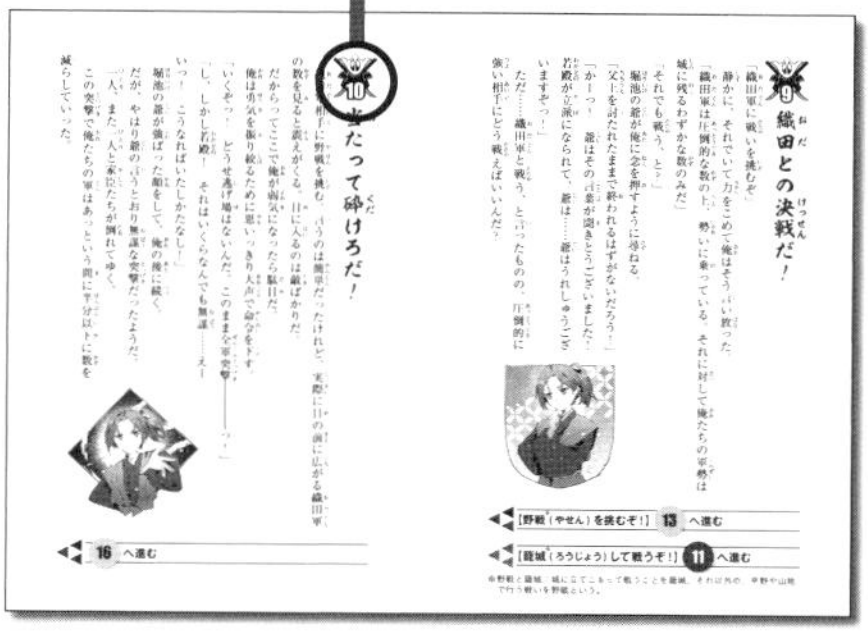

III 文章中《ぶんしょうちゅう》に※がついている場合《ばあい》、ページの下《した》に解説《かいせつ》が入《はい》る

登場地名紹介《とうじょうちめいしょうかい》

＊本書《ほんしょ》で舞台《ぶたい》となっているおもな国《くに》は色《いろ》を変《か》えています。

戦国時代《せんごくじだい》の国名《くにめい》

戦国時代《せんごくじだい》、現在《げんざい》の都道府県《とどうふけん》というくくりは存在《そんざい》せず、日本《にほん》は「国《くに》」に分《わ》かれていました。本文《ほんぶん》の地名《ちめい》はこの国名《くにめい》で示《しめ》しているのでご注意《ちゅうい》ください。

登場勢力紹介《とうじょうせいりょくしょうかい》

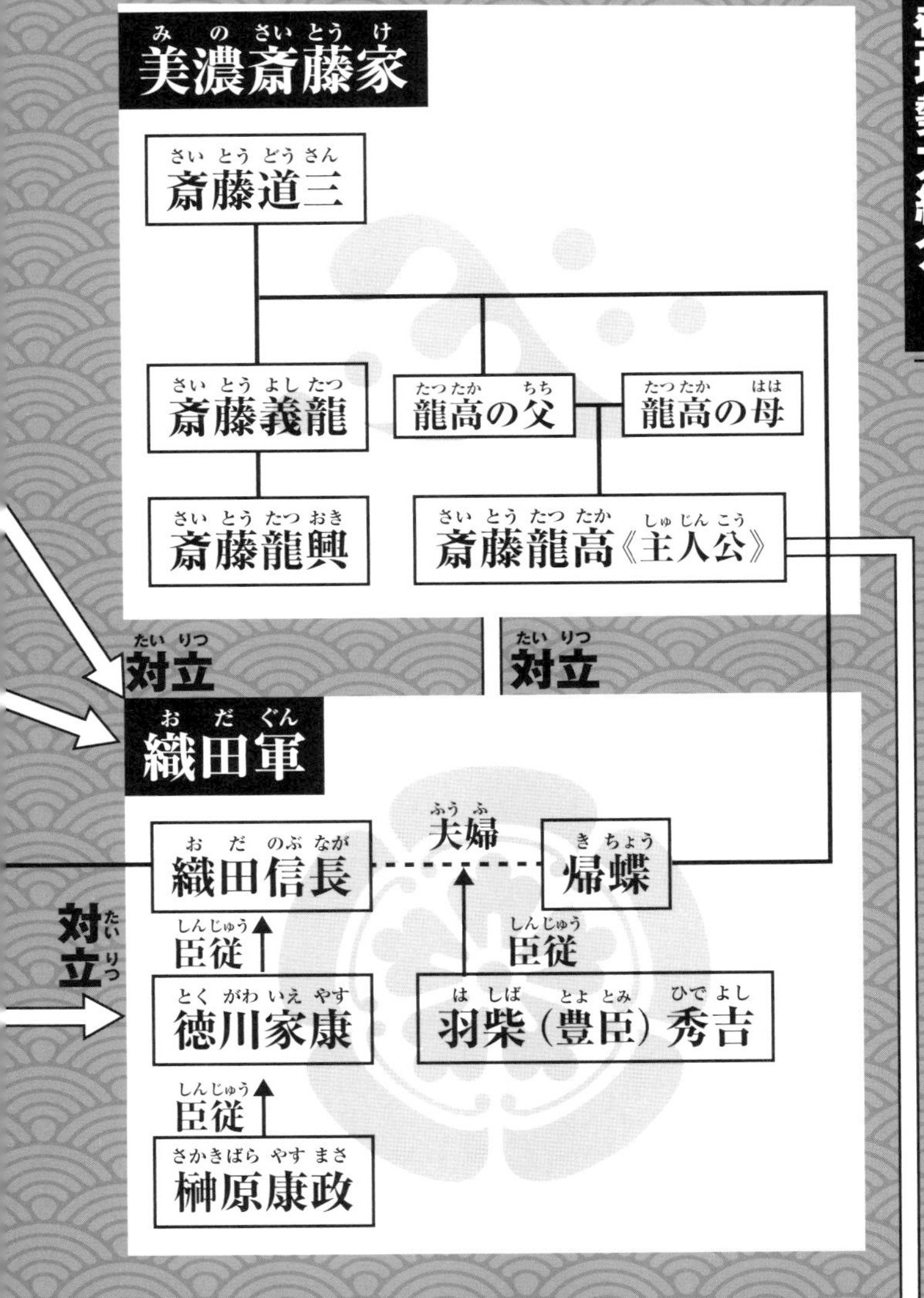

美濃斎藤家《みのさいとうけ》
斎藤道三《さいとうどうさん》
斎藤義龍《さいとうよしたつ》
龍高の父《たつたかのちち》
龍高の母《たつたかのはは》
斎藤龍興《さいとうたつおき》
斎藤龍高《さいとうたつたか》《主人公《しゅじんこう》》
対立《たいりつ》
対立《たいりつ》
織田軍《おだぐん》
織田信長《おだのぶなが》
夫婦《ふうふ》
帰蝶《きちょう》
対立《たいりつ》
臣従《しんじゅう》
臣従《しんじゅう》
徳川家康《とくがわいえやす》
羽柴《はしば》（豊臣《とよとみ》）秀吉《ひでよし》
臣従《しんじゅう》
榊原康政《さかきばらやすまさ》

仏教勢力《ぶっきょうせいりょく》

本願寺《ほんがんじ》（浄土真宗《じょうどしんしゅう》）門主《もんしゅ》・顕如《けんにょ》

比叡山《ひえいざん》（天台宗《てんだいしゅう》） ← 所属《しょぞく》 ← 西教寺《さいきょうじ》

室町将軍家《むろまちしょうぐんけ》

足利義昭《あしかがよしあき》

協力《きょうりょく》→対立《たいりつ》

干渉《かんしょう》

織田包囲網《おだほういもう》

甲斐武田家《かいたけだけ》｜武田信玄《たけだしんげん》

北近江浅井家《きたおうみあざいけ》｜浅井長政《あざいながまさ》 …… 夫婦《ふうふ》 …… 市《いち》

兄妹《きょうだい》

越前朝倉家《えちぜんあさくらけ》｜朝倉義景《あさくらよしかげ》

参加《さんか》

1 戦国時代《せんごくじだい》に生《う》まれ変《か》わり

出陣《しゅつじん》を告《つ》げるホラ貝《がい》の音《おと》が聞《き》こえる。あわただしく駆《か》けてゆく兵《へい》たちの足音《あしおと》も。

ここは戦国《せんごく》の世《よ》。そして今《いま》まさに戦《いくさ》が始《はじ》まろうとしている。

令和《れいわ》の世《よ》で俺《おれ》は……ごく普通《ふつう》の日本史《にほんし》好《ず》きの中学生《ちゅうがくせい》で退屈《たいくつ》な毎日《まいにち》を送《おく》っていた。そんな毎日《まいにち》に飽《あ》きていた俺《おれ》は小説《しょうせつ》や漫画《まんが》を読《よ》みながら、もし自分《じぶん》が戦国《せんごく》の世《よ》に生《う》まれていたら、どんな活躍《かつやく》ができるだろうか、なんてことを考《かんが》えていたんだ。

それがある朝《あさ》のこと。目覚《めざ》めた俺《おれ》は美濃斎藤家《みのさいとうけ》の分家筋《ぶんけすじ》で〝若殿《わかどの》〟、斎藤喜一郎《さいとうきいちろう》と呼《よ》ばれていた。いや、今《いま》は*元服《げんぷく》をして斎藤龍高《さいとうたつたか》か。最初《さいしょ》は夢《ゆめ》だと思《おも》った。だって俺《おれ》は現《げん》代《だい》の知識《ちしき》をはっきりと記憶《きおく》していたからだ。夢《ゆめ》でもいい。こんなにもリアルに戦国時代《せんごくじだい》を体験《たいけん》できるなんて、刺激的《しげきてき》で最高《さいこう》じゃないか！

……おっと、父上《ちちうえ》の出陣《しゅつじん》を告《つ》げる声《こえ》がする。せっかく元服《げんぷく》したんだ。今回《こんかい》は一緒《いっしょ》に出陣《しゅつじん》させて欲《ほ》しいと頼《たの》まないと！　じゃないと戦国《せんごく》の世《よ》に生《う》まれ変《か》わった意味《いみ》がないじゃないか。

2 へ進む

※元服：男子の成人の儀式。12～16歳頃に行われることが多かった。

2 攻《せ》め入《い》る、織田軍《おだぐん》

時《とき》は永禄十年《えいろくじゅうねん》（一五六七）。尾張国《おわりのくに》（現在《げんざい》の愛知県《あいちけん》）の織田信長《おだのぶなが》が率《ひき》いる軍勢《ぐんぜい》はついに美濃国《みののくに》（現在《げんざい》の岐阜県《ぎふけん》）に攻《せ》め入《い》ってきた。

その上《うえ》で、俺《おれ》の置《お》かれた状況《じょうきょう》を整理《せいり》すると、美濃《みの》と尾張《おわり》の境《さかい》に位置《いち》する小《ちい》さな支城《しじょう》——そこが今《いま》いる場所《ばしょ》だ。そして目《め》の前《まえ》で戦《いくさ》の支度《したく》をしているのが父上《ちちうえ》。

「父上《ちちうえ》、今回《こんかい》の出陣《しゅつじん》、私《わたし》も連《つ》れていってください！」

俺《おれ》の名《な》は斎藤龍高《さいとうたつたか》。元服《げんぷく》を済《す》ませたばかりで戦《いくさ》の経験《けいけん》はまだない。

織田軍《おだぐん》の勢《いきお》いは激《はげ》しく、次々《つぎつぎ》に城《しろ》が落《お》とされていると聞《き》く。そんな中《なか》、美濃国《みののくに》を治《おさ》める斎藤龍興殿《さいとうたつおきどの》から※分家《ぶんけ》の父上《ちちうえ》に出陣命令《しゅつじんめいれい》が出《で》た。なら、今《いま》こそ自分《じぶん》も初陣《ういじん》を迎《むか》える時《とき》じゃないか！　当然《とうぜん》、俺《おれ》は父上《ちちうえ》に訴《うった》えた。

「その意気《いき》は良《よ》し！　だが、今回《こんかい》の戦《いくさ》、お前《まえ》はワシに代《か》わってこの城《しろ》を守《まも》るのだ」

「でもっ！」

「ははっ、ワシが帰《かえ》る場所《ばしょ》をしっかり守《まも》るのもお前《まえ》の仕事《しごと》ぞ。わかるな？」

3 へ進む

※分家：本家から分かれた新しい一家。

3 留守《るす》を守《まも》ってみせます！

「……わかりました。父上《ちちうえ》がお戻《もど》りになるまでこの城《しろ》を守《まも》ってみせます！」

「ふむ、それでこそ我《わ》が※嫡男《ちゃくなん》だ。この様子《ようす》なら、ワシがいなくなっても美濃斎藤家《みのさいとうけ》は安泰《あんたい》だな！」

父上《ちちうえ》はそう言《い》うと、からからとうれしそうに笑《わら》った。

「不吉《ふきつ》なことを言《い》わないでください。斎藤本家《さいとうほんけ》、そしてご当主《とうしゅ》、龍興殿《たつおきどの》を盛《も》り立《た》てていくのに、私《わたし》だけでは力不足《ちからぶそく》です」

すべてにおいて経験不足《けいけんぶそく》の俺《おれ》に、家《いえ》のことを任《まか》せる、なんて言《い》われても困《こま》る。

しかも戦《たたか》いの行方《ゆくえ》は斎藤軍《さいとうぐん》が押《お》されていると聞《き》く。こんな状況《じょうきょう》で冗談《じょうだん》でも自分《じぶん》がいなくなっても、なんて父上《ちちうえ》は言《い》わないで欲《ほ》しい。

「必《かな》ずや……無事《ぶじ》にお戻《もど》りください、父上《ちちうえ》」

俺《おれ》はそうつぶやきながら、大《おお》きな父《ちち》の背中《せなか》を見送《みおく》った。

4へ進む

※嫡男：家を継ぐ男子。一般的には長男。

4 父《ちち》との別《わか》れ

「父上《ちちうえ》が……討《う》ち死《じ》に、なされ……た？」

少《すこ》し前《まえ》に父上《ちちうえ》の出陣《しゅつじん》を見送《みおく》ったばかりだ。それが討《う》ち死《じ》にだって……？

伝令《でんれい》からの報告《ほうこく》を聞《き》きながら、俺《おれ》は頭《あたま》が真《ま》っ白《しろ》になっていた。

戦国時代《せんごくじだい》というのは人《ひと》が簡単《かんたん》に死《し》ぬ。そういうものだと頭《あたま》ではわかっている。

だけど、つい数日前《すうじつまえ》に会話《かいわ》を交《かわ》したばかりの人《ひと》が死《し》んだ、というのを俺《おれ》はすぐには受《う》け入《い》れられなかった。

転生《てんせい》を確信《かくしん》した時《とき》、俺《おれ》は退屈《たいくつ》な現代《げんだい》から戦国時代《せんごくじだい》に生《う》まれ変《か》われたことを喜《よろこ》んだ。だって戦国武将《せんごくぶしょう》だぞ？　男《おとこ》の子《こ》ならかっこいいと思《おも》うだろう？　だけどそれは現代《げんだい》の甘《あま》やかされた子供《こども》の考《かんが》えだった。当《あ》たり前《まえ》だけど、戦国時代《せんごくじだい》では戦《いくさ》をすれば人《ひと》が死《し》ぬ……それがようやくわかったんだ。

父上《ちちうえ》がいなくなった後《あと》、これから俺《おれ》はどうすればいいんだ？

5 へ進む

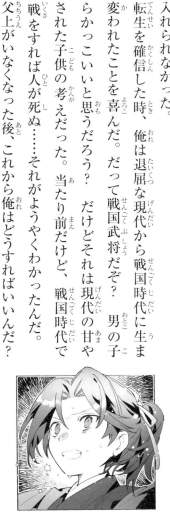

5 決断《けつだん》のとき

「若《わか》、伝令《でんれい》の兵《へい》から聞《き》きましたぞ。相当落《そうとうお》ち込《こ》まれてるとか……じゃが！　まだ戦《いくさ》は終《お》わってはおりませんぞっ！」

白髪《しらが》の老将《ろうしょう》、堀池宗好《ほりいけむねよし》。祖父《そふ》の代《だい》から仕《つか》えていて俺《おれ》にとってはこの戦国《せんごく》の世《よ》で、幼《おさな》い頃《ころ》から育《そだ》ててくれた守役《もりやく》、つまり教育係《きょういくがかり》であり、父上以上《ちちうえいじょう》に近《ちか》い存在《そんざい》だ。

「お辛《つら》いとは思《おも》いますが、決断《けつだん》を急《いそ》がねばなりませぬぞ。我《わ》が軍勢《ぐんぜい》、総崩《そうくず》れの今《いま》、尾張《おわり》との国境《くにざかい》に近《ちか》いこの※出城《でじろ》では持《も》ちこたえられませんからなっ！」

「相変《あいか》わらず爺《じい》は声《こえ》がでかいな」

「こんな時《とき》こそ、落《お》ち込《こ》んではおられませんからなっ！　今《いま》こそ、若《わか》……いえ、新《あら》たな当主《とうしゅ》であるあなた、斎藤龍高様《さいとうたつたかさま》が判断《はんだん》を下《くだ》される時《とき》っ！」

戦《いくさ》なんてしたこともない俺《おれ》に、織田軍《おだぐん》をどう迎《むか》え撃《う》つのか判断《はんだん》をしろ、と……？

無理《むり》！　そんなの無理《むり》だって！

6 へ進む

※出城：領主などが本拠地としている城（本城）に従い、重要地点に置かれた小さな城。

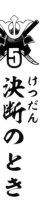

6 尾張《おわり》のうつけ者《もの》

現在《げんざい》の織田家《おだけ》の当主《とうしゅ》、信長《のぶなが》。若《わか》い頃《ころ》はその突飛《とっぴ》な行動《こうどう》から〝尾張《おわり》のうつけ者《もの》〟と呼《よ》ばれていた……らしい。前《まえ》の斎藤家当主《さいとうけとうしゅ》、道三殿《どうさんどの》の姫《ひめ》を妻《つま》に迎《むか》えたことから、斎藤家《さいとうけ》とは親戚関係《しんせきかんけい》となった。だけど、尾張平定後《おわり※へいていご》、道三殿《どうさんどの》が亡《な》くなると京《きょう》に上《のぼ》ろうとする野心《やしん》を隠《かく》そうともせず、この美濃《みの》に狙《ねら》いを定《さだ》めていた。

（織田信長《おだのぶなが》。日本史《にほんし》の本《ほん》で何度《なんど》も目《め》にした名前《なまえ》。たぶん日本中《にほんじゅう》で知《し》らない人《ひと》が誰《だれ》もいないくらい、超有名《ちょうゆうめい》な戦国時代《せんごくじだい》を代表《だいひょう》する大名《だいみょう》だ）

「堀池《ほりいけ》の爺《じい》、織田《おだ》の当主《とうしゅ》というのはどんな男《おとこ》なんだろう」

爺《じい》がイラ立《だ》ったような声《こえ》をあげる。

「伝《つた》え聞《き》くところでは鬼《おに》のような顔立《かおだ》ちで、古《ふる》くからの家臣《かしん》であろうと容赦《ようしゃ》なく斬《き》り捨《す》てる、残忍《ざんにん》で激《はげ》しい気性《きしょう》の男《おとこ》だとか。だが、そんなことよりも殿《との》！　織田軍《おだぐん》がそこまで迫《せま》っているのです！　早《はよ》うご命令《めいれい》を！」

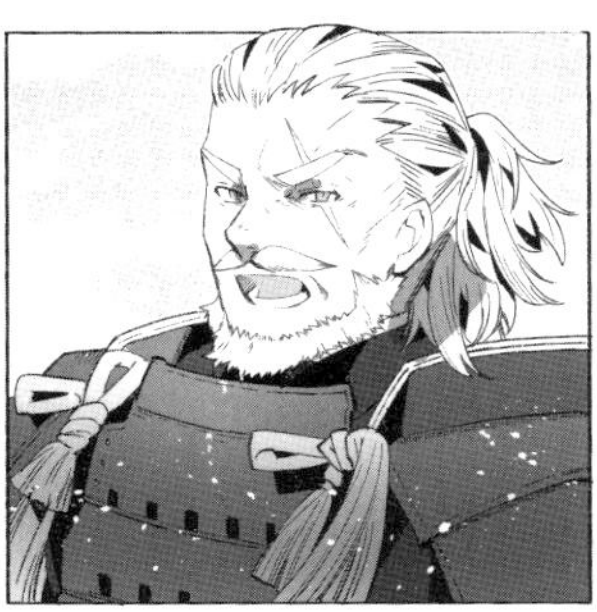

【和睦※（わぼく）を申し出る】なら 7 へ進む

【織田軍に戦を挑む】なら 9 へ進む

※平定：敵を倒して、その支配地域を自分のものにすること。

※和睦：争いをやめて友好関係を築くこと。

7 和睦《わぼく》を申《もう》し出《で》よう

「織田《おだ》と和睦《わぼく》をしよう」

俺《おれ》の選択《せんたく》に堀池《ほりいけ》の爺《じい》が思《おも》わず、目《め》を丸《まる》くした。

「つまり織田《おだ》に降伏《こうふく》する、と……？　お父上《ちちうえ》の死《し》を無駄《むだ》になさるおつもりかっ！」

「父上《ちちうえ》の死《し》を無駄《むだ》にしないための選択《せんたく》だ。俺《おれ》はこれ以上《いじょう》まわりの人《ひと》が死《し》ぬのを見《み》たくないんだ……」

「かーっ！　なんと弱気《よわき》なことを！　爺《じい》は若《わか》をそんな弱虫《よわむし》に育《そだ》てた覚《おぼ》えはございませんぞっ！」

「そんな顔《かお》を真《ま》っ赤《か》にして怒《おこ》らなくても……。噂《うわさ》は噂《うわさ》。信長《のぶなが》だって人間《にんげん》なんだから和《わ》睦《ぼく》を申《もう》し出《で》た相手《あいて》を殺《ころ》すようなことはないんじゃないかな？」

「かーっ、甘《あま》い！　若《わか》は甘《あま》すぎる！　相手《あいて》は魔王《まおう》とも呼《よ》ばれる信長《のぶなが》ですぞ！　人《ひと》の常《じょう》識《しき》など通用《つうよう》するはずがないっ！」

8 へ進む

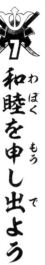

8 戦国《せんごく》の世《よ》の厳《きび》しさ

織田《おだ》との和睦《わぼく》などありえない！　という堀池《ほりいけ》の爺《じい》や家臣《かしん》たちをなんとかなだめると、俺《おれ》はわずかな供《とも》を連《つ》れて織田《おだ》の本陣《ほんじん》へと向《む》かった。

俺《おれ》たちを出迎《でむか》えたのは、織田家《おだけ》の柴田勝家《しばたかついえ》というヒゲだらけの、いかにも猛将《もうしょう》といった顔《かお》の男《おとこ》だった。目《め》の前《まえ》にいるだけで威圧感《いあつかん》がスゴイ！

「それで柴田殿《しばたどの》、信長殿《のぶながどの》にはいつ目通《めどお》りできるのだ？」

「はあ？　斎藤家《さいとうけ》の者《もの》といっても分家《ぶんけ》も分家《ぶんけ》、貴様《きさま》なんぞに殿《との》が直接《ちょくせつ》お会《あ》いするとでも思《おも》うておるのかっ！」

「だ、だが、俺《おれ》たちは信長殿《のぶながどの》との和睦《わぼく》のために……」

「いまだ降伏《こうふく》せぬ者《もの》たちへの見《み》せしめに全員斬首《ぜんいんざんしゅ》！　それが殿《との》のご意向《いこう》だ！」

ここは生《い》きるか死《し》ぬかの戦国《せんごく》の世《よ》。判断《はんだん》ミスはすべて死《し》に直結《ちょっけつ》する。

そのことを俺《おれ》が理解《りかい》したのは、自分《じぶん》の首《くび》が胴体《どうたい》と離《はな》れる、その瞬間《しゅんかん》だった。

BAD END

9 織田《おだ》との決戦《けっせん》だ！

「織田軍《おだぐん》に戦《たたか》いを挑《いど》むぞ」

静《しず》かに、それでいて力《ちから》をこめて俺《おれ》はそう言《い》い放《はな》った。

「織田軍《おだぐん》は圧倒的《あっとうてき》な数《かず》の上《うえ》、勢《いきお》いに乗《の》っている。それに対《たい》して俺《おれ》たちの軍勢《ぐんぜい》は城《しろ》に残《のこ》るわずかな数《かず》のみだ」

「それでも戦《たたか》う、と？」

堀池《ほりいけ》の爺《じい》が俺《おれ》に念《ねん》を押《お》すように尋《たず》ねる。

「父上《ちちうえ》を討《う》たれたままで終《お》われるはずがないだろう！」

「かーっ！　爺《じい》はその言葉《ことば》が聞《き》きとうございました！　若殿《わかどの》が立派《りっぱ》になられて、爺《じい》は……爺《じい》はうれしゅうございますぞっ！」

ただ……織田軍《おだぐん》と戦《たたか》う、と言《い》ったものの、圧倒的《あっとうてき》に強《つよ》い相手《あいて》にどう戦《たたか》えばいいんだ？

【野戦※（やせん）を挑むぞ！】 13 へ進む

【籠城※（ろうじょう）して戦うぞ！】 11 へ進む

※野戦と籠城：城に立て籠（こ）もって戦うことを籠城、それ以外の、平野や山地で行う戦いを野戦という。

10 当《あ》たって砕《くだ》けろだ！

織田軍相手《おだぐんあいて》に野戦《やせん》を挑《いど》む。言《い》うのは簡単《かんたん》だったけれど、実際《じっさい》に目《め》の前《まえ》に広《ひろ》がる織田軍《おだぐん》の数《かず》を見《み》ると震《ふる》えがくる。目《め》に入《はい》るのは敵《てき》ばかりだ。

だからってここで俺《おれ》が弱気《よわき》になったら駄目《だめ》だ。

俺《おれ》は勇気《ゆうき》を振《ふ》り絞《しぼ》るために思《おも》いっきり大声《おおごえ》で命令《めいれい》を下《くだ》す。

「いくぞっ！　どうせ逃《に》げ場《ば》はないんだ。このまま全軍突撃《ぜんぐんとつげき》――――っ！」

「し、しかし若殿《わかどの》！　それはいくらなんでも無謀《むぼう》……えーいっ！　こうなればいたしかたなし！」

堀池《ほりいけ》の爺《じい》が強《こわ》ばった顔《かお》をして、俺《おれ》の後《あと》に続《つづ》く。

だが、やはり爺《じい》の言《い》うとおり無謀《むぼう》な突撃《とつげき》だったようだ。

一人《ひとり》、また一人《ひとり》と家臣《かしん》たちが倒《たお》れてゆく。

この突撃《とつげき》で俺《おれ》たちの軍《ぐん》はあっという間《ま》に半分以下《はんぶんいか》に数《かず》を減《へ》らしていった。

16へ進む

11 城《しろ》の守《まも》りを固《かた》めるんだ！

「相手《あいて》は大軍《たいぐん》だ。ここは城《しろ》に籠《こ》もって戦《たたか》おう」

俺《おれ》の言葉《ことば》に堀池《ほりいけ》の爺《じい》をはじめ、集《あつ》まった家臣《かしん》たちが口々《くちぐち》に反対《はんたい》するけど、こちらから打《う》って出《で》たって勝《か》てる可能性《かのうせい》はまずないじゃないか。無駄死《むだじ》にはごめんだ。

「こんな小《ちい》さな出城《でじろ》など、勢《いきお》いに乗《の》る織田軍《おだぐん》にとっては道端《みちばた》の小石《こいし》のようなもの。一《いち》日《にち》だって持《も》ちこたえられはしませんぞ！」

「爺《じい》はそう言《い》うが、援軍《えんぐん》が来《く》るかもしれないだろう？」

援軍《えんぐん》のない籠城《ろうじょう》は長《なが》く持《も》ちこたえられない。それは俺《おれ》だって知《し》っている。

でも、稲葉山《いなばやま》の斎藤本家《さいとうほんけ》だって援軍《えんぐん》の用意《ようい》をしているはずだ。

「残念《ざんねん》ながら稲葉山《いなばやま》からの援軍《えんぐん》は望《のぞ》めません。家中《かちゅう》からの寝返《ねがえ》りも続《つづ》いており、こちらに兵《へい》を割《さ》く余裕《よゆう》などないのです……うぐぐ」

爺《じい》の言葉《ことば》に絶望《ぜつぼう》を覚《おぼ》える。なら、どうすればいいんだよ……。

12 へ進む

12 退《ひ》くしかないか……。

俺《おれ》が判断《はんだん》を迷《まよ》っている間《あいだ》に城《しろ》は織田軍《おだぐん》に囲《かこ》まれつつあった。

見《み》る見《み》るうちに織田《おだ》の旗印《はたじるし》が増《ふ》えてゆくのがわかる。

「若殿《わかどの》、悔《くや》しいが、ここはいったん城《しろ》の外《そと》に※落《お》ち延《の》びましょう」

堀池《ほりいけ》の爺《じい》が本当《ほんとう》に悔《くや》しそうに顔《かお》をゆがめる。

他《ほか》の家臣《かしん》たちも爺《じい》と同《おな》じ意見《いけん》のようだ。

「……わかった。籠城《ろうじょう》しても打《う》って出《で》ても、俺《おれ》たちに勝《か》ち目《め》はないのなら、今《いま》は悔《くや》しいが落《お》ち延《の》びよう」

そうだ。生《い》きてさえいればいずれ織田軍《おだぐん》にリベンジだってできるはずだ。

16 へ進む

※落ち延びる：遠くに逃げること。

13 真剣《しんけん》な想《おも》い

「守《まも》っているだけでは勝《か》ち目《め》がないと思《おも》う。ここは野戦《やせん》を挑《いど》もう」

俺《おれ》はなるべく冷静《れいせい》な口調《くちょう》で家臣《かしん》たちに語《かた》りかけた。

「若殿《わかどの》は城《しろ》を出《で》て、織田《おだ》の軍勢相手《ぐんぜいあいて》に打《う》って出《で》ると言《い》われるのか？」

堀池《ほりいけ》の爺《じい》の質問《しつもん》は、この場《ば》にいる家臣《かしん》たち全員《ぜんいん》を代弁《だいべん》しているはずだ。

「籠城《ろうじょう》してもこんな小《ちい》さな城《しろ》ではあっという間《ま》に落《お》ちる。なら、一《いち》か八《ばち》か……いや、こんな言《い》い方《かた》は良《よ》くないな。少《すこ》しでも勝《か》ち目《め》のある戦《たたか》い方《かた》を選《えら》んだ方《ほう》がいいと俺《おれ》は思《おも》う」

何《なに》か大逆転《だいぎゃくてん》の策《さく》があるわけじゃない。

でも、俺《おれ》の真剣《しんけん》な想《おも》いが伝《つた》わったのか、家臣《かしん》たちは大《おお》きくうなずいた。

14 へ進む

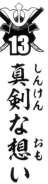

14 織田軍《おだぐん》、現《あらわ》る！

城《しろ》を出《で》た俺《おれ》が目《め》にしたのは真《ま》っ黒《くろ》な雲《くも》――いや、あまりに大軍《たいぐん》だったために、そう見《み》えただけだ。こんな大軍勢《だいぐんぜい》を見《み》るのは初《はじ》めてだ。

「これが織田軍《おだぐん》……」

俺《おれ》は思《おも》わず息《いき》をのんだ。

さあ、どう戦《たたか》う。俺《おれ》を信《しん》じて城《しろ》を出《で》た家臣《かしん》たちの真剣《しんけん》な眼差《まなざ》しを裏切《うらぎ》るわけにはいかないぞ。

【正面からぶつかるぞ！】 10 へ進む

【奇襲（きしゅう）をかけるぞ！】 15 へ進む

15 第二《だいに》の桶狭間《おけはざま》だ！

「奇襲《きしゅう》をかける、ですと……？」

堀池《ほりいけ》の爺《じい》が尋《たず》ねる。

織田《おだ》の大軍《たいぐん》を相手《あいて》に俺《おれ》が勝《か》っているところがあるとすれば――そう、過去《かこ》の歴史《れきし》を知《し》っていることだ。そして日本《にほん》の歴史《れきし》の上《うえ》で、奇襲《きしゅう》といえば信長自身《のぶながじしん》が※桶狭間《おけはざま》で成功《せいこう》させているじゃないか。

「織田《おだ》の軍《ぐん》もまさか、俺《おれ》たちが打《う》って出《で》るとは思《おも》っていないはず。油断《ゆだん》している今《いま》なら、勝《か》ち目《め》はある！」

「なるほど……一理《いちり》はありますな。ならば、皆《みな》にそう伝《つた》えましょうぞ！」

そして数時間後《すうじかんご》――俺《おれ》の考《かんが》えた奇襲《きしゅう》は数《かず》の力《ちから》で打《う》ち砕《くだ》かれた。日本史《にほんし》の知識《ちしき》が少《すこ》しあるくらいでは、やはり強大《きょうだい》な織田《おだ》の軍勢《ぐんぜい》には敵《かな》わないのか⁉

奇襲《きしゅう》をかけられた織田軍《おだぐん》はすぐに混乱《こんらん》から立《た》ち直《なお》り、俺《おれ》の軍勢《ぐんぜい》をはね返《かえ》していった。

16 へ進む

※桶狭間：有力な武将だった今川義元を、織田信長が奇襲によって倒した戦い。

16 負《ま》け戦《いくさ》

俺《おれ》たちは織田軍《おだぐん》に挑《いど》んだものの、その強大《きょうだい》な力《ちから》にまったく歯《は》が立《た》たなかった。

戦《たたか》う力《ちから》をなくし、ボロボロの姿《すがた》で山道《やまみち》に逃《に》げ込《こ》むので精一杯《せいいっぱい》だった。

そもそも、戦《いくさ》の経験《けいけん》もない大将《たいしょう》が率《ひき》いる少数《しょうすう》の軍《ぐん》が勝《か》てるはずがなかったんだ。

落《お》ち込《こ》む俺《おれ》を堀池《ほりいけ》の爺《じい》が怒鳴《どな》りつける。

「大将《たいしょう》たるもの、兵《へい》たちの前《まえ》で落《お》ち込《こ》んだ姿《すがた》など見《み》せるものではござらんっ！」

「ははは……昔《むかし》から爺《じい》にはそうやってよく怒鳴《どな》られたな」

「間《ま》もなく落《お》ち武者狩《むしゃが》り※が始《はじ》まりましょう。じゃが、若殿《わかどの》はなんとしても生《い》き延《の》びねばなりません。生《い》きて父上《ちちうえ》の仇《かたき》を討《う》つのです！」

いつだって堀池《ほりいけ》の爺《じい》は元気《げんき》だ。

そしてこの怒鳴《どな》り声《ごえ》を聞《き》くと、俺《おれ》は不思議《ふしぎ》とまた歩《ある》き出《だ》す元気《げんき》が湧《わ》いてくるんだ。

17 へ進む

※落ち武者：敗北して逃げている武士。

17 落《お》ち武者《むしゃ》狩《が》り

俺《おれ》は堀池《ほりいけ》の爺《じい》や残《のこ》されたわずかな家臣《かしん》たちとともに、山道《やまみち》をあてもなく歩《ある》き続《つづ》けた。休《やす》んでいる暇《ひま》はない。織田軍《おだぐん》の落《お》ち武者《むしゃ》狩《が》りがすぐそこまで迫《せま》っているからだ。

「いたぞ！　落《お》ち武者《むしゃ》どもを逃《に》がすな！」

織田兵《おだへい》の声《こえ》が聞《き》こえた。

「ここは我《われ》らが食《く》い止《と》めます。若殿《わかどの》は落《お》ち延《の》びてくだされ」

何人《なんにん》かの家臣《かしん》たちが名乗《なの》り出《で》る。彼《かれ》らだって傷《きず》だらけなのに、主《あるじ》である俺《おれ》を逃《に》がすために自分《じぶん》たちが犠牲《ぎせい》になろうとしている。

「ささっ、若殿早《わかどのはや》く！　追手《おって》が迫《せま》っておりますぞ！」

その言葉《ことば》に俺《おれ》は走《はし》り出《だ》した。

18 へ進む

18 向《む》かうべき場所《ばしょ》は……

迫《せま》る織田《おだ》の兵《へい》から逃《に》げ続《つづ》けた俺《おれ》は、いつの間《ま》にか堀池《ほりいけ》の爺《じい》と二人《ふたり》だけになっていた。わずかに残《のこ》った家臣《かしん》たちは落《お》ち武者狩《むしゃが》りの手《て》にかかったのか、はぐれてしまっていた。

ただ、逃《に》げるといってもどこに行《い》けばいいんだろう。

俺《おれ》にはもう戻《もど》るべき城《しろ》はない。

といってこのままあてもなく逃《に》げ続《つづ》けていたら、体力《たいりょく》も尽《つ》きて、落《お》ち武者狩《むしゃが》りに殺《ころ》されるだけだ。稲《いな》葉山《ばやま》に行《い》って味方《みかた》と合流《ごうりゅう》するか、それともまだ織田《おだ》軍《ぐん》の警戒《けいかい》がゆるい*畿内《きない》にいったん身《み》を潜《ひそ》めるか。とにかく早《はや》く行《ゆ》く先《さき》を決《き》めないと!

【稲葉山（いなばやま）に向かおう】 19 へ進む

【畿内（きない）に向かおう】 24 へ進む

※畿内：京都周辺。山城（現在の京都南部）、大和（現在の奈良県）、河内・和泉・摂津（いずれも現在の大阪府）あたり。

19 稲葉山《いなばやま》でもう一戦《いっせん》だ

「爺《じい》、稲葉山《いなばやま》に向《む》かおう！」

俺《おれ》の言葉《ことば》に堀池《ほりいけ》の爺《じい》は顔《かお》をあげた。

「いくら織田軍《おだぐん》の勢《いきお》いがあるといっても、まだ戦《いくさ》は始《はじ》まったばかり。稲葉山城《いなばやまじょう》や斎藤《さいとう》本家《ほんけ》は健在《けんざい》のはずだ」

「確《たし》かに。よし、若殿《わかどの》、斎藤本家《さいとうほんけ》の軍《ぐん》と合流《ごうりゅう》してもう一戦《いっせん》といきましょうか！　かっかっか、先《さき》の戦《いくさ》では数《かず》で負《ま》けましたが、斎藤龍興殿《さいとうたつおきどの》の本隊《ほんたい》が動《うご》かれれば互角《ごかく》の戦《たたか》いができましょうぞ！」

疲《つか》れが見《み》えていた爺《じい》の顔《かお》に元気《げんき》が戻《もど》ってきた。

やはり目的《もくてき》ができると気力《きりょく》が戻《もど》ってくる。それは俺《おれ》も同《おな》じだ。

「そうと決《き》まれば急《いそ》ごう！」

20へ進む

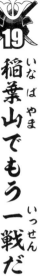

20 稲葉山落城《いなばやまらくじょう》

俺《おれ》は堀池《ほりいけ》の爺《じい》とともに稲葉山城《いなばやまじょう》へと急《いそ》いだ。斎藤龍興殿《さいとうたつおきどの》のもとに集《あつ》まり、織田《おだ》ともう一戦交《いっせんまじ》える。その時《とき》の俺《おれ》はそう考《かんが》えていたんだ。

「あの守《まも》りの堅《かた》い稲葉山城《いなばやまじょう》がすでに落《お》ちた……？　こんなに早《はや》く？」

途中出会《とちゅうであ》った斎藤龍興軍《さいとうたつおきぐん》の武将《ぶしょう》――前《まえ》に何度《なんど》か父上《ちちうえ》に会《あ》いに来《き》ていたのを覚《おぼ》えている――その武将《ぶしょう》の言葉《ことば》に俺《おれ》は耳《みみ》を疑《うたが》った。

「織田《おだ》の勢《いきお》いに恐《おそ》れを抱《いだ》いた多《おお》くの武将《ぶしょう》が寝返《ねがえ》り、まともな戦《いくさ》にならんかった。落城《らくじょう》の混乱《こんらん》の中《なか》、龍興様《たつおきさま》の行方《ゆくえ》も知《し》れず。ご無事《ぶじ》であればいいが……」

稲葉山城《いなばやまじょう》が落《お》ち、斎藤家《さいとうけ》の負《ま》けはこれで確実《かくじつ》だ。このあたりでも織田《おだ》の落《お》ち武者狩《むしゃが》りもすぐに始《はじ》まるだろう。

落《お》ち込《こ》んでいる場合《ばあい》じゃない。早《はや》くこの場《ば》を離《はな》れないと！

ただ、俺《おれ》たちの疲《つか》れた足《あし》でどこまで逃《に》げられるだろうか。

【街道を行く】 21 へ進む

【山道を行く】 23 へ進む

21 街道《かいどう》を行《い》こう！

素早《すばや》く移動《いどう》するのに、疲《つか》れ切《き》った俺《おれ》たちの足《あし》で山道《やまみち》は無理《むり》だ。街道《かいどう》は人通《ひとどお》りが多《おお》く、この汚《よご》れた鎧《よろい》姿《すがた》だと目立《めだ》つかもしれない。でも、まだ織田《おだ》の兵《へい》の追跡《ついせき》は始《はじ》まっていないだろうと考《かんが》えて、俺《おれ》は街道《かいどう》を行くことを選択《せんたく》した。

「おい、そこの怪《あや》しげな男《おとこ》たち！」

俺《おれ》の予想《よそう》に反《はん》して、街道《かいどう》にはすでに関所《せきしょ》が置《お》かれていた。そこには織田《おだ》の旗印《はたじるし》がひるがえっている。

「まさか、ここまで織田《おだ》の手《て》が早《はや》いとは思《おも》わなんだ……」

さすがの堀池《ほりいけ》の爺《じい》もこれには気落《きお》ちするしかなかった。

いつの間《ま》にか俺《おれ》と爺《じい》は大勢《おおぜい》の織田《おだ》の兵《へい》たちに囲《かこ》まれていた。絶体絶命《ぜったいぜつめい》だ。

「ははーん、お前《まえ》たち……さては斎藤《さいとう》の武将《ぶしょう》だな！　おいっ、逃《に》がすな、引《ひ》っ捕《と》らえろ！」

22 へ進む

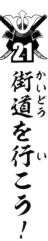

22 絶体絶命《ぜったいぜつめい》だ

俺《おれ》たちを囲《かこ》んだ織田《おだ》の兵《へい》は何十人《なんじゅうにん》にもなっていた。これだけの数《かず》に囲《かこ》まれていたら、すきを突《つ》いて逃《に》げ出《だ》すなんてことは絶対《ぜったい》に無理《むり》だ。刀《かたな》を抜《ぬ》いて斬《き》りかかっても、無駄《むだ》な抵抗《ていこう》だろう。

俺《おれ》と堀池《ほりいけ》の爺《じい》は黙《だま》って縛《しば》り上《あ》げられるしかなかった。

いずれ俺《おれ》たちは織田軍《おだぐん》によって処刑《しょけい》されることだろう。

「爺《じい》、すまない。父上《ちちうえ》の仇《かたき》を取《と》るどころか、こんな結果《けっか》になるなんて……」

爺《じい》は、にやりと笑《わら》った。

「なあに、あの世《よ》まで若《わか》のお供《とも》をできると思《おも》えば、こんな最期《さいご》も悪《わる》くないものですじゃ」

これから処刑《しょけい》される。俺《おれ》はその恐怖《きょうふ》に耐《た》えられないと思《おも》ったのに、爺《じい》のこの笑顔《えがお》に少《すこ》しだけ心《こころ》が安《やす》らいだ。そうだ、俺《おれ》は一人《ひとり》じゃない――。

BAD END

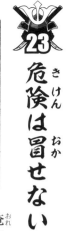

23 危険《きけん》は冒《おか》せない

俺《おれ》たちは疲《つか》れ切《き》っていた。この足《あし》で山道《やまみち》を行《い》くのは厳《きび》しかったけれど、途中《とちゅう》立《た》ち寄《よ》った村《むら》で俺《おれ》たちは食料《しょくりょう》と水《みず》を分《わ》けてもらい、少《すこ》し体力《たいりょく》が回復《かいふく》したところだ。

なにより人《ひと》の優《やさ》しさがうれしかった。今《いま》は戦国時代《せんごくじだい》。誰《だれ》が見《み》ても落《お》ち武者《むしゃ》とわかる俺《おれ》たちと、普通《ふつう》は関《かか》わり合《あ》いになりたくないはずだ。

もし斎藤《さいとう》の武将《ぶしょう》を助《たす》けた、なんて知《し》れたら、織田《おだ》の兵《へい》になにをされるかわからないんだから。

「ふう……畿内《きない》に出《で》るには街道《かいどう》を行くのが一番早《いちばんはや》い。じゃが、もし街道《かいどう》を行《い》っていたら、今頃《いまごろ》ワシらは囚《とら》われの身《み》じゃった」

堀池《ほりいけ》の爺《じい》がほっと息《いき》をつく。

村人《むらびと》の話《はなし》では、すでに街道《かいどう》には織田《おだ》の関所《せきしょ》が築《きず》かれて、何《なん》人《にん》もの斎藤《さいとう》の武将《ぶしょう》や兵《へい》が捕《つか》まっているらしい。

まさに危機一髪《ききいっぱつ》。そのことを知《し》らないで、選択《せんたく》を誤《あやま》っていたら、俺《おれ》たちも捕《つか》まっていたはずだ。

捕《つか》まれば当然《とうぜん》、待《ま》っているのは処刑《しょけい》だ。そう考《かんが》えると冷《ひ》や汗《あせ》が出《で》てくる。

俺《おれ》たちは村《むら》の人《ひと》に感謝《かんしゃ》しつつ、分《わ》けてもらったおむすびをほおばった。

なんてことのない塩味《しおあじ》のおむすび、それも白米《はくまい》じゃない。

なのにこんなにおいしいなんて！

「よし、ここまで来《く》れば美濃《みの》の国境《くにざかい》はすぐそこ。織田《おだ》の手《て》の及《およ》ばない畿内《きない》まで急《いそ》ごう！」

腹《はら》がふくれた俺《おれ》たちは再《ふたた》び足場《あしば》の悪《わる》い山道《やまみち》を歩《ある》き出《だ》した。

25へ進む

24 畿内《きない》に向《む》かおう

「爺《じい》、畿内《きない》に向《む》かおう。もう美濃《みの》は織田《おだ》の手《て》に落《お》ちたも同然《どうぜん》だ」

「若殿《わかどの》、しかし！」

堀池《ほりいけ》の爺《じい》は声《こえ》をあげる。でも、爺《じい》だってわかっているはずなんだ。織田《おだ》の勢《いきお》いはすごい。そのせいか、斎藤家《さいとうけ》の武将《ぶしょう》たちも次々《つぎつぎ》に寝返《ねがえ》っているらしいじゃないか。今《いま》から稲葉《いなば》山《やま》に向《む》かっても勝《か》ち目《め》があるかどうか。

俺《おれ》の知《し》ってる歴史《れきし》のとおりだと、このまま織田軍《おだぐん》の快進撃《かいしんげき》は続《つづ》いて……あっ、でも味《み》方《かた》だと思《おも》っていた北近江《きたおうみ》の浅井長政《あざいながまさ》の裏切《うらぎ》りで、信長最大《のぶながさいだい》のピンチが訪《おとず》れるんだよな。

でも、そのとおりに歴史《れきし》が進《すす》むのか……よくわからない。それを判断《はんだん》するためにも、都《みやこ》に近《ちか》い場所《ばしょ》で世《よ》の中《なか》の動《うご》きを知《し》りたい。

「むむむ……確《たし》かに再起《さいき》のために、しばし見聞《けんぶん》を広《ひろ》めるのも良《よ》いかもしれませぬな」

と、爺《じい》も納得《なっとく》してくれた。よし、そうと決《き》まれば急《いそ》ごう！

25へ進む

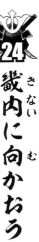

25 油断《ゆだん》

ようやく美濃《みの》の国境《くにざかい》。ここを越《こ》えればすぐに畿内《きない》だ。

運《うん》の良《い》いことに織田《おだ》の兵《へい》に見《み》つからず、なんとかここまでたどり着《つ》けた。

「爺《じい》、少《すこ》し休憩《きゅうけい》を取《と》ろうか。腹《はら》も減《へ》ったし、食料《しょくりょう》を探《さが》してくるよ」

「爺《じい》は心配《しんぱい》しすぎだと思《おも》われるかもしれませんが、くれぐれもお気《き》を付《つ》けて。どこに織《お》田《だ》の兵《へい》がいるかわかりませんからのう」

心配《しんぱい》そうな堀池《ほりいけ》の爺《じい》をよそに俺《おれ》は少《すこ》し開《ひら》けた野原《のはら》に出《で》た。向《む》こうに家《いえ》もちらほらと見《み》えるし、食料《しょくりょう》を分《わ》けてもらえるかもしれない。

「貴様《きさま》！　このかっこう……斎藤《さいとう》の武将《ぶしょう》だな！」

突然声《とつぜんこえ》が聞《き》こえた。と同時《どうじ》に、俺《おれ》はあっという間《ま》に兵《へい》たちに囲《かこ》まれてしまった。織田《おだ》の兵《へい》だ。

「くっ……油断《ゆだん》した。こんなところにまで織田《おだ》の兵《へい》がいるなんて……」

26 へ進む

26 謎《なぞ》の武士《ぶし》登場《とうじょう》

畿内《きない》まであと少《すこ》しだったのに、油断《ゆだん》した俺《おれ》は織田《おだ》の兵《へい》に囲《かこ》まれていた。

爺《じい》はどうなったんだろう。無事《ぶじ》でいてくれればいいけど……。

じりじりと近《ちか》づいてくる織田《おだ》の兵《へい》。この数《かず》を相手《あいて》に俺一人《おれひとり》でどこまで戦《たたか》えるだろうか。——と思《おも》った瞬間《しゅんかん》、兵《へい》たちがあわて出《だ》した。

飛《と》び出《だ》してきた若《わか》い武士《ぶし》が、たちまち織田《おだ》の兵《へい》を何人《なんにん》か斬《き》り捨《す》てたんだ。

味方《みかた》……なのか？　少《すく》なくとも敵《てき》ではなさそうだけど。

俺《おれ》を助《たす》けてくれた武士《ぶし》を連《つ》れて堀池《ほりいけ》の爺《じい》が身《み》を隠《かく》している場所《ばしょ》に戻《もど》ると——

「そなたは十兵衛殿《じゅうべえどの》！」

「爺《じい》とこの方《かた》は知《し》り合《あ》いなのか？」

「詳《くわ》しい話《はなし》は後《のち》ほど。まずは身《み》を隠《かく》す場所《ばしょ》を私《わたし》が提供《ていきょう》いたしましょう」

この人《ひと》が俺《おれ》たちに身《み》を隠《かく》す場所《ばしょ》を提供《ていきょう》してくれる？　信《しん》じていいんだろうか。

【信用できそうだ】27へ進む
【そんな言葉、信用できない】29へ進む

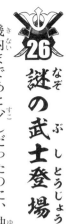

27 驚《おどろ》きの人物《じんぶつ》

「そうだ、まだ名乗《なの》ってはいませんでしたね。明智十兵衛光秀《あけちじゅうべえみつひで》と申《もう》します」

「明智《あけち》!?」

俺《おれ》の驚《おどろ》きように光秀殿《みつひでどの》と堀池《ほりいけ》の爺《じい》が不思議《ふしぎ》そうに見《み》ている。

明智光秀《あけちみつひで》。特別《とくべつ》、日本史好《にほんしず》きでなくても誰《だれ》でも知《し》っている名前《なまえ》だ。その人《ひと》が目《め》の前《まえ》にいるなんて驚《おどろ》くに決《き》まっている。

でも、二人《ふたり》とも俺《おれ》が驚《おどろ》いたのは別《べつ》の理由《りゆう》だと思《おも》ったようだ。

「そういえばお父上《ちちうえ》と光秀殿《みつひでどの》は何度《なんど》かお会《あ》いしておりましたのう。若殿《わかどの》もその時《とき》のことを思《おも》い出《だ》されたようじゃな」

「えっ……そ、そうなんだよ、爺《じい》。まさか、懐《なつ》かしい名前《なまえ》を聞《き》くとは思《おも》わなくて」

明智光秀《あけちみつひで》。歴史《れきし》の上《うえ》では主君《しゅくん》、織田信長《おだのぶなが》を裏切《うらぎ》ったことで有名《ゆうめい》だけど、父上《ちちうえ》の知《し》り合《あ》いだとしたら、そこまで警戒《けいかい》しなくてもいいのかもしれない。

28へ進む

28 薄《うす》れてゆく疑《うたが》い

光秀殿《みつひでどの》の案内《あんない》で俺《おれ》と堀池《ほりいけ》の爺《じい》は畿内《きない》に入《はい》った。道中《どうちゅう》は何事《なにごと》もなかったものの、本心《ほんしん》を言《い》えば俺《おれ》もまだ光秀殿《みつひでどの》のことを信《しん》じ切《き》れていなかった。

だって〝あの〟本能寺《ほんのうじ》の変《へん》の首謀者《しゅぼうしゃ》だ。もちろん信長《のぶなが》を裏切《うらぎ》るには理由《りゆう》があったんだろうけど……俺《おれ》たちのことも裏切《うらぎ》ったりはしないだろうか？

「龍高殿《たつたかどの》のその表情《ひょうじょう》。父上《ちちうえ》を亡《な》くされ、不安《ふあん》なのでしょうね」

「不安《ふあん》なのは、えーと……いえっ、光秀殿《みつひでどの》、これから俺《おれ》たちはどこに？」

あなたのことをまだ信《しん》じ切《き》れない、なんて言《い》えるわけがない。

「畿内《きない》はまだ寺社勢力《じしゃせいりょく》が強《つよ》く、信長《のぶなが》も手《て》を出《だ》しづらい。それでよく知《し》っている寺《てら》に龍高殿《たかどの》を案内《あんない》しようと思《おも》いましてな。この光秀《みつひで》にすべてお任《まか》せあれ」

武士《ぶし》とは思《おも》えないようなやわらかい表情《ひょうじょう》、俺《おれ》のことを気《き》づかってくれる姿《すがた》を見《み》ていると、この人《ひと》への疑《うたが》いがだんだんと薄《うす》れ、もし兄《あに》がいたらこんな風《ふう》なのかな、なんてことを思《おも》ってしまう。

31 へ進む

29 こいつ、何者《なにもの》なんだ？

「俺《おれ》たちに身《み》を隠《かく》す場所《ばしょ》を提供《ていきょう》してくれる？　申《もう》し訳《わけ》ないですけど、俺《おれ》はそんな言葉《ことば》は信《しん》じられません。だいたいあなたは何者《なにもの》なんですか？」

名前《なまえ》も名乗《なの》らない相手《あいて》を信用《しんよう》できるはずがない。ここは戦国時代《せんごくじだい》なんだ。簡単《かんたん》に他人《たにん》を信《しん》じれば命《いのち》を奪《うば》われるかもしれないだろう？

「ああ、名《な》も名乗《なの》らず失礼《しつれい》した。私《わたし》は明智十兵衛光秀《あけちじゅうべえみつひで》」

明智光秀《あけちみつひで》!?　それって織田《おだ》の武将《ぶしょう》じゃなかったか……？

「疑《うたが》うのもわかるが、実《じつ》は私《わたし》も美濃《みの》の出《で》でね、君《きみ》のお父上《ちちうえ》には何度《なんど》か世話《せわ》になった。その恩《おん》を返《かえ》したい、というのでは信《しん》じて貰《もら》えないかな？」

へえ、明智光秀《あけちみつひで》って美濃出身《みのしゅっしん》だったのか。……って感心《かんしん》している場合《ばあい》じゃなくて！　いくら出身地《しゅっしんち》が同《おな》じだからってそれだけで信《しん》じられるものか！

30へ進む

30 簡単《かんたん》に信《しん》じられるものか

まだ疑《うたが》っている俺《おれ》に気《き》づいたのか、光秀殿《みつひでどの》は苦笑《くしょう》した。

堀池《ほりいけ》の爺《じい》も困《こま》ったような表情《ひょうじょう》をしている。

「若殿《わかどの》、爺《じい》もこの方《かた》は信用《しんよう》できると保証《ほしょう》いたしますぞ！」

爺《じい》にそう言《い》われても簡単《かんたん》には信《しん》じられない。もしかして俺《おれ》たちを織田軍《おだぐん》に突《つ》き出《だ》して、自分《じぶん》の手柄《てがら》にするつもりかもしれないじゃないか。

「龍高殿《たつたかどの》は父上《ちちうえ》を亡《な》くされたばかりだし、他人《たにん》を疑《うたが》いたくなるのも仕方《しかた》ない。だから今《いま》は信《しん》じてもらわなくても構《かま》わない」

にらみつけるような俺《おれ》の視線《しせん》にもかかわらず、光秀殿《みつひでどの》は微笑《ほほえ》み、そして歩《ある》き出《だ》した。

「日《ひ》が落《お》ちるまでに目的《もくてき》の寺《てら》に着《つ》きたいから、さあ少《すこ》し急《いそ》ぎましょう」

そう言《い》う光秀殿《みつひでどの》の背中《せなか》を、俺《おれ》はしぶしぶ追《お》いかけるしかなかった。

28 へ進む

31 ついに畿内《きない》だ！

俺《おれ》たちは明智光秀殿《あけちみつひでどの》の案内《あんない》で、ついに畿内《きない》に足《あし》を踏《ふ》み入《い》れた。

長《なが》く続《つづ》く戦国時代《せんごくじだい》で京《きょう》の都《みやこ》やその周辺《しゅうへん》は荒《あ》れ果《は》てていると思《おも》っていたのに、焼《や》けることもなく、まだあちこちに大《おお》きな寺《てら》がある。

「お寺《てら》に来《く》るなんて修学旅行《しゅうがくりょこう》以来《いらい》かな……」

「ん？　龍高殿《たつたかどの》はこのあたりに来《き》たことがあるのか？」

「えっ、なんとなく来《き》たことがあるような気《き》がする、そう言《い》ったんです！　でも、気《き》のせいですね、きっと」

光秀殿《みつひでどの》の質問《しつもん》にあわてて俺《おれ》はそう答《こた》える。今《いま》の俺《おれ》は斎藤龍高《さいとうたつたか》。現代《げんだい》の中学生《ちゅうがくせい》じゃないんだから、変《へん》なことを口走《くちばし》らないように気《き》を付《つ》けないと。

「はっはっは、若殿《わかどの》は美濃《みの》から出《で》たことがないですからな、良《い》い機会《きかい》じゃ、見聞《けんぶん》を広《ひろ》めていきましょうぞ！」

堀池《ほりいけ》の爺《じい》はそう豪快《ごうかい》に笑《わら》った。

32 へ進む

32 どうして助《たす》けてくれるんだろう？

「畿内《きない》はまだそれほど信長《のぶなが》の勢力《せいりょく》は大《おお》きくありませんが、気《き》を付《つ》けるに越《こ》したことはないでしょう。龍高殿《たつたかどの》も気《き》を抜《ぬ》かず」

そう言《い》う光秀殿《みつひでどの》は、表情《ひょうじょう》こそやわらかかったが、畿内《きない》に入《はい》ってからも警戒《けいかい》は怠《おこた》らなかった。

俺《おれ》たちは、美濃《みの》を手《て》に入れた信長《のぶなが》にとっては無視《むし》してもいいくらい、小《ちい》さな存在《そんざい》だ。それでも斎藤家《さいとうけ》の者《もの》の逃亡《とうぼう》に手《て》を貸《か》しても光秀殿《みつひでどの》は何《なに》も得《とく》をしないはず。

なのに俺《おれ》たちをこうして助《たす》けてくれる。

本当《ほんとう》に信《しん》じていいんだろうか……？

【質問（しつもん）してみようか】33へ進む

【いつまでも疑（うたが）うのは良くないな】39へ進む

33 どうして助《たす》けてくれるのですか？

「光秀殿《みつひでどの》はどうして俺《おれ》たちを助《たす》けてくれるのですか？」

俺《おれ》の質問《しつもん》に光秀殿《みつひでどの》は苦笑《くしょう》していた。

「俺《おれ》と堀池《ほりいけ》の爺《じい》は織田家《おだけ》から追《お》われる身《み》なんです。この首《くび》を手土産《てみやげ》に織田家《おだけ》に仕《つか》えようとは考《かんが》えなかったのですか？」

あれこれ考《かんが》えても仕方《しかた》ない。ここは直球《ちょっきゅう》の質問《しつもん》だ。

「確《たし》かに私《わたし》もそう思《おも》ったよ」

直球《ちょっきゅう》の質問《しつもん》に対《たい》して、光秀殿《みつひでどの》も隠《かく》し事《ごと》をしても仕方《しかた》ないと思《おも》ったのか、直球《ちょっきゅう》で返《かえ》してきた。

「ただね、俺《おれ》はあの信長殿《のぶながどの》が怖《こわ》いんだ。噂《うわさ》では、人《ひと》ではなく魔物《まもの》だという者《もの》もいる。もちろん会《あ》ったわけじゃないし、会《あ》えば名君《めいくん》かもしれない。ただね、やっぱり俺《おれ》は怖《こわ》いんだ」

おだやかに話《はな》してはいるけど、光秀殿《みつひでどの》の目《め》は真剣《しんけん》だった。

34へ進む

34 西教寺《さいきょうじ》へと

光秀殿《みつひでどの》の案内《あんない》で俺《おれ》と堀池《ほりいけ》の爺《じい》は、近江国《おうみのくに》（現在《げんざい》の滋賀県《しがけん》）にある、とある寺《てら》へと着《つ》いた。広《ひろ》い境内《けいだい》、いかにも歴史《れきし》がありそうなお寺《てら》だ。

「西教寺《さいきょうじ》。建立《こんりゅう》されたのは聖徳太子《しょうとくたいし》の時代《じだい》だと伝《つた》えられているが、定《さだ》かではない……が、とにかく歴史《れきし》のある寺《てら》だ。そして比叡山延暦寺《ひえいざんえんりゃくじ》とは関係《かんけい》が深《ふか》い」

光秀殿《みつひでどの》はそう説明《せつめい》してくれた。

比叡山延暦寺《ひえいざんえんりゃくじ》。俺《おれ》でもその名前《なまえ》はよく知《し》っている。比叡山全体《ひえいざんぜんたい》が境内《けいだい》といってもいい天台宗《てんだいしゅう》の総本山《そうほんざん》だ。歴史《れきし》も古《ふる》く、たしか、天台座主《てんだいざす》――つまり一番《いちばん》えらい人《ひと》は皇族《こうぞく》や有力《ゆうりょく》な貴族《きぞく》が務《つと》め、畿内《きない》では絶大《ぜつだい》な力《ちから》を持《も》っているんだ。

「なるほど、さすが光秀殿《みつひでどの》じゃ！　あの延暦寺《えんりゃくじ》と敵対《てきたい》してまで、西教寺《さいきょうじ》に手《て》を出《だ》そうなどという愚《おろ》か者《もの》はそうはおらんからなっ！」

爺《じい》は自信《じしん》ありげにそう言《い》うけれど……俺《おれ》はちょっと不安《ふあん》だ。

だって相手《あいて》はあの織田信長《おだのぶなが》なんだから。

35へ進む

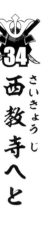

35 学問《がくもん》のすすめ

俺《おれ》たちが西教寺《さいきょうじ》にかくまわれてから数週間《すうしゅうかん》。俺《おれ》は日々《ひび》、剣術《けんじゅつ》で身体《からだ》を鍛《きた》えながら、父《ちち》の仇《かたき》を取《と》る日《ひ》に備《そな》えていた。

そんな俺《おれ》の様子《ようす》を見《み》に、光秀殿《みつひでどの》は時々寺《ときどきてら》までやってきてくれた。

「ところで龍高殿《たつたかどの》。剣術《けんじゅつ》だけでなく、学問《がくもん》の方《ほう》は進《すす》んでいるかな?」

光秀殿《みつひでどの》や堀池《ほりいけ》の爺《じい》からは、今《いま》は書物《しょもつ》を読《よ》んで見識《けんしき》を深《ふか》めるべき、なんてくどいくらい言《い》われているけど、古《ふる》い教典《きょうてん》なんかは俺《おれ》には難《むずか》しすぎてチンプンカンプンだ。これなら学校《がっこう》の教科書《きょうかしょ》の方《ほう》がはるかに簡単《かんたん》だ。

「どの書物《しょもつ》も難《むずか》しいですね。でも、父上《ちちうえ》の仇《かたき》を取《と》るには俺《おれ》の力《ちから》はぜんぜん足《た》りない。そのためには……」

「そう。武《ぶ》だけでなく知《ち》の力《ちから》もたくわえる必要《ひつよう》がある」

光秀殿《みつひでどの》には何度《なんど》も言《い》われたことだ。父上《ちちうえ》の仇《かたき》、織田信長《おだのぶなが》を倒《たお》す。そのためには俺《おれ》はまだまだ学《まな》ばなければならないことがあるんだ。

36へ進む

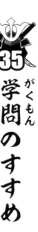

36 焦《あせ》る想《おも》い

光秀殿《みつひでどの》は寺《てら》に来《く》るたびに世《よ》の中《なか》の動《うご》きを教《おし》えてくれた。かくまわれている身《み》としては、寺《てら》の外《そと》で何《なに》が起《お》きているのかを知《し》ることができるのはありがたい。

「織田《おだ》は美濃《みの》を支配《しはい》した後《あと》、どうするつもりなんでしょう？　やはり……」

「ああ、畿内《きない》に勢力《せいりょく》を伸《の》ばそうとしている、というのがもっぱらの噂《うわさ》だ」

織田信長《おだのぶなが》がいよいよ畿内《きない》に⁉

その情報《じょうほう》を聞《き》くと、俺《おれ》の中《なか》に熱《あつ》いものがたぎってきた。

「龍高殿《たつたかどの》、焦《あせ》る気持《きも》ちはわかるが、落《お》ち着《つ》きなさい。織田《おだ》には柴田勝家《しばたかついえ》、丹羽長秀《にわながひで》、佐久間信盛《さくまのぶもり》、と有能《ゆうのう》な家臣《かしん》がそろっている。あなたの力《ちから》ではお父上《ちちうえ》の仇《かたき》を取《と》るどころか、あっという間《ま》に返《かえ》り討《う》ちにあってしまうぞ」

光秀殿《みつひでどの》が挙《あ》げた織田《おだ》の家臣《かしん》。どの名前《なまえ》も聞《き》いたことがある。確《たし》かに率《ひき》いる兵《へい》のない今《いま》の俺《おれ》では相手《あいて》にならないだろう。早《はや》く力《ちから》をつけないと！

37へ進む

37

畿内《きない》の勢力争《せいりょくあらそ》い

光秀殿《みつひでどの》は言葉《ことば》を続《つづ》けた。

光秀殿《みつひでどの》によれば、畿内《きない》にはまだ様々《さまざま》な勢力《せいりょく》が存在《そんざい》しているという。代表的《だいひょうてき》なところだと、比叡山延暦寺《ひえいざんえんりゃくじ》はもちろん、他《ほか》にも*浄土真宗《じょうどしんしゅう》の総本山石山本願寺《そうほんざんいしやまほんがんじ》、それに畿内《きない》に入《はい》るにはまず越前国《えちぜんのくに》の朝倉家《あさくらけ》が大《おお》きな障害《しょうがい》になるはずだ、と説明《せつめい》してくれた。

「信長《のぶなが》が本格的《ほんかくてき》に畿内《きない》に進出《しんしゅつ》してくるのは時間《じかん》の問題《もんだい》だろうが、説明《せつめい》したように今《いま》すぐ可能《かのう》かというとそうたやすくはない。だから、龍高殿《たつたかどの》も焦《あせ》らず、今《いま》は力《ちから》をたくわえる時《とき》だ」

光秀殿《みつひでどの》にそうたしなめられると、俺《おれ》は反論《はんろん》できなくなってしまう。最初《さいしょ》こそ信用《しんよう》できるかどうか怪《あや》しんだものの、光秀殿《みつひでどの》は今《いま》では俺《おれ》の中《なか》で堀池《ほりいけ》の爺以上《じいいじょう》に信頼《しんらい》できる存在《そんざい》になっていた。

38 へ進む

※浄土真宗：念仏を唱えれば誰でも極楽浄土（ごくらくじょうど）に行けると教える仏教の一派で、戦国時代に多数の門徒（信者）を集めた。他宗派からは一向宗（いっこうしゅう）とも呼ばれる。

38 俺《おれ》も外《そと》を見《み》てみたいんです！

「俺《おれ》も……一度《いちど》、寺《てら》の外《そと》の様子《ようす》を見《み》てみることはできませんか？　外《そと》に出《で》てみるだけでいいんです！」

俺《おれ》は光秀殿《みつひでどの》にそう言《い》って頭《あたま》を下《さ》げた。

光秀殿《みつひでどの》は定期的《ていきてき》に外《そと》の情報《じょうほう》を伝《つた》えてくれる。その情報《じょうほう》を信用《しんよう》しないわけではないけど、俺《おれ》は自分《じぶん》の目《め》と耳《みみ》で外《そと》の様子《ようす》を知《し》りたくなっていた。

「ははっ、寺《てら》の暮《く》らしに飽《あ》きてきたか？」

「それは……」

「だが、駄目《だめ》だ。織田《おだ》の手《て》の者《もの》も畿内《きない》で動《うご》いているし、追《お》われる身《み》の君《きみ》をみすみす危険《きけん》な場《ば》に連《つ》れ出《だ》すことはできない」

俺《おれ》の願《ねが》いにもかかわらず、光秀殿《みつひでどの》は首《くび》を横《よこ》に振《ふ》るだけだった。

【今は言うことを聞くしかないか……】42へ進む

【こっそりついていくか】40へ進む

39 爺《じい》にはかなわないな

「若殿《わかどの》！　十兵衛《じゅうべえ》……いや、光秀殿《みつひでどの》を疑《うたが》っておられるのですか⁉」

堀池《ほりいけ》の爺《じい》の思《おも》わぬ大声《おおごえ》に俺《おれ》は思《おも》わずビクッとする。

昔《むかし》からこうだ。俺《おれ》は何《なに》も言《い》っていないというのに、幼《おさな》い頃《ころ》からずっとそばにいてくれた爺《じい》には隠《かく》し事《ごと》ができない。いつだってすべてお見通《みとお》しなんだ。

「ワシらは追《お》われる身《み》。他人《たにん》を信《しん》じられない若殿《わかどの》の気持《きも》ちもわかりますが、武将《ぶしょう》たる者《もの》、そんな器《うつわ》の小《ちい》さいことではなりませんぞっ！」

「……そうだな、他人《たにん》を、まして父上《ちちうえ》の知《し》り合《あ》いをいつまでも疑《うたが》うのは良《よ》くない。わかったよ、爺《じい》」

俺《おれ》たちのやり取《と》りを見《み》ながら、光秀殿《みつひでどの》は苦笑《くしょう》するばかりだった。

今俺《いまおれ》たちは光秀殿《みつひでどの》を頼《たよ》ることしかできないんだ。信《しん》じてみよう。

34へ進む

40 退屈《たいくつ》な毎日《まいにち》を抜《ぬ》け出《だ》すんだ

畿内《きない》に織田《おだ》が勢力《せいりょく》を伸《の》ばしている以上《いじょう》、寺《てら》から出《で》てはいけない、と光秀殿《みつひでどの》は言《い》った。言《い》いたいことは俺《おれ》もわかる。だけど、寺《てら》で剣術《けんじゅつ》のけいこと勉学《べんがく》、それだけの毎日《まいにち》に俺《おれ》は飽《あ》きてきていた。

そこで俺《おれ》は光秀殿《みつひでどの》が帰《かえ》るタイミングを見計《みはか》らって、西教寺《さいきょうじ》を抜《ぬ》け出《だ》すとその後《あと》をこっそりと追《お》いかけた。見《み》つかれば叱《しか》られるかもしれないが、寺《てら》から遠《とお》く離《はな》れてしまえば光秀殿《みつひでどの》も今《いま》さら帰《かえ》れ、とは言《い》わないだろう。

だけど――。

「あ、あれ……？　光秀殿《みつひでどの》の姿《すがた》を見失《みうしな》った!?　ていうか、ここはどこなんだ？」

残念《ざんねん》ながら俺《おれ》は畿内《きない》の地理《ちり》には詳《くわ》しくない。

つまり見知《みし》らぬ地《ち》で完全《かんぜん》に道《みち》に迷《まよ》ってしまった、ということだ。

41 へ進む

41

こんなところで……！

道《みち》を聞《き》こうにもまったく人《ひと》の気配《けはい》のない道《いち》。このあたりの地理《ちり》も知《し》らないのに、勝手《かって》に寺《てら》を抜《ぬ》け出《だ》してきた自分《じぶん》の判断《はんだん》の甘《あま》さを俺《おれ》は後悔《こうかい》していた。

その時《とき》だ。俺《おれ》は近《ちか》づいてくる人《ひと》の気配《けはい》を感《かん》じた。

助《たす》かった——と思《おも》ったのは一瞬《いっしゅん》だ。目《め》に入《はい》ったのは刀《かたな》や槍《やり》を持《も》った男《おとこ》たち。

「坊主《ぼうず》！　持《も》ちモン全部《ぜんぶ》、ここに置《お》いてきな。そしたら命《いのち》だけは助《たす》けて……」

想像《そうぞう》したとおり旅人《たびびと》を襲《おそ》う野盗《やとう》だ。野盗《やとう》の頭《かしら》らしき男《おとこ》の言葉《ことば》が終《お》わるよりも先《さき》に俺《おれ》は駆《か》け出《だ》していた。命《いのち》だけは助《たす》ける、なんて信用《しんよう》できるものか。

「あっ、くそっ！　野郎《やろう》ども、逃《に》がすんじゃねえぞ！」

襲《おそ》いくる野盗《やとう》たち。その数《かず》の前《まえ》に俺《おれ》が逃《に》げられるはずもなかった。父上《ちちうえ》の仇《かたき》を取《と》るどころか、こんなところで野盗《やとう》に殺《ころ》されてしまうなんて……なんてことだ！

そんな後悔《こうかい》をしながら、刀《かたな》や槍《やり》に貫《つらぬ》かれた俺《おれ》の意識《いしき》はだんだんと遠《とお》のいていった。

BAD END

42 あきらめきれない気持《きも》ち

「不服《ふふく》に思《おも》う君《きみ》の気持《きも》ちもわかる。いくら今《いま》は力《ちから》をたくわえる時《とき》とはいえ、剣術《けんじゅつ》や勉《べん》学《がく》、毎日同《まいにちおな》じことの繰《く》り返《かえ》しだものな」

まだ寺《てら》の外《そと》に出《で》るのをあきらめきれない俺《おれ》の気持《きも》ちを、光秀殿《みつひでどの》はすっかりお見通《みとお》しだったようだ。

「……わかりました。父上《ちちうえ》の仇《かたき》を取《と》る。その大《おお》きな目的《もくてき》のため、今《いま》は光秀殿《みつひでどの》の言《い》うことに従《したが》います」

「いずれ状勢《じょうせい》が落《お》ち着《つ》けば、君《きみ》も一緒《いっしょ》に畿内《きない》の様子《ようす》を見《み》て回《まわ》ろう。世《よ》の中《なか》の動《うご》きをその目《め》で見《み》ることも大切《たいせつ》なことだからな」

「本当《ほんとう》ですか!?　約束《やくそく》ですからね!」

俺《おれ》の質問《しつもん》に光秀殿《みつひでどの》はにっこりと微笑《ほほえ》んだ。

43へ進む

43 突然《とつぜん》の別《わか》れ

最後《さいご》に光秀殿《みつひでどの》が西教寺《さいきょうじ》を去《さ》ってから、だいぶたっていた。いつもならそろそろ様子《ようす》を見《み》に寺《てら》を訪《おとず》れてくれる頃《ころ》なのに、まったくその気配《けはい》がない。少《すこ》し心配《しんぱい》になった俺《おれ》の前《まえ》に堀池《ほりいけ》の爺《じい》が立《た》っていた。その固《かた》い表情《ひょうじょう》は何《なに》か言《い》いづらいことを伝《つた》えようとしているようだ。

「若殿《わかどの》、明智光秀殿《あけちみつひでどの》が……処刑《しょけい》され申《もう》した」

爺《じい》の話《はなし》では光秀殿《みつひでどの》は畿内周辺《きないしゅうへん》を歩《ある》き回《まわ》り、織田《おだ》の動向《どうこう》を探《さぐ》っていたのだそうだ。その最中《さいちゅう》、不審《ふしん》に思《おも》った織田《おだ》の兵《へい》に捕《つか》まり、処刑《しょけい》されたということだ。

爺《じい》の話《はなし》をすべて聞《き》き終《お》わると俺《おれ》はその場《ば》に泣《な》き崩《くず》れていた。

「なんで……光秀殿《みつひでどの》、俺《おれ》は……もっとあなたから学《まな》びたかった。いや、ただそばにいて欲《ほ》しかった……」

俺《おれ》は父上《ちちうえ》に続《つづ》いて大切《たいせつ》な人《ひと》を失《うしな》った。信長《のぶなが》が直接手《ちょくせつて》を下《くだ》したわけではない。でも、俺《おれ》の中《なか》で織田信長《おだのぶなが》への怒《いか》りが以前《いぜん》にも増《ま》して沸《わ》き上《あ》がっていった。

44 へ進む

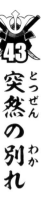

44 歴史《れきし》が変《か》わってしまった？

元亀元年《げんきがんねん》（一五七〇）。明智光秀殿《あけちみつひでどの》の突然《とつぜん》の死《し》から数年《すうねん》がたっていた。

俺《おれ》はその間《かん》も剣術《けんじゅつ》の修業《しゅぎょう》と勉学《べんがく》の日々《ひび》を続《つづ》けながら考《かんが》えていた。

明智光秀《あけちみつひで》といえば本能寺《ほんのうじ》の変《へん》で信長《のぶなが》を討《う》ったものの、羽柴秀吉《はしばひでよし》に敗《やぶ》れて死《し》んだはずだ。

こんな死《し》に方《かた》をするのは俺《おれ》の知《し》ってる歴史《れきし》とは違《ちが》う。

「もしかして俺《おれ》が戦国時代《せんごくじだい》に転生《てんせい》したことで、歴史《れきし》が変《か》わってしまった、とか？」

イレギュラーな存在《そんざい》が歴史《れきし》を変《か》えてしまうのは、フィクションの世界《せかい》ではよくある設定《せってい》だ。じゃあ、織田信長《おだのぶなが》は本能寺《ほんのうじ》の変《へん》で死《し》ぬことなく、天下統一《てんかとういつ》する歴史《れきし》もありえるんだろうか。

実際《じっさい》、信長《のぶなが》は畿内《きない》へと勢力《せいりょく》を伸《の》ばし続《つづ》けている。だけど、天下《てんか》を手《て》に入《い》れるには越前国《えちぜんのくに》（現在《げんざい》の福井県《ふくいけん》）を治《おさ》める朝倉義景《あさくらよしかげ》が邪魔《じゃま》であって、いずれ織田《おだ》・朝倉《あさくら》の衝突《しょうとつ》は避《さ》けられない、と世間《せけん》では噂《うわさ》されている。

45へ進む

45 金ケ崎《かながさき》の戦《たたか》い、近《ちか》づく

織田《おだ》・朝倉《あさくら》の衝突《しょうとつ》は早《はや》くもやってきた。金ケ崎《かながさき》に両軍《りょうぐん》が陣《じん》を構《かま》えたんだ。

北近江《きたおうみ》を治《おさ》める浅井長政《あざいながまさ》は織田《おだ》に味方《みかた》している。織田信長《おだのぶなが》の妹《いもうと》、お市《いち》の方《かた》が長政《ながまさ》に嫁《とつ》いでいたからだ。

だけど、突然《とつぜん》長政《ながまさ》は信長《のぶなが》を裏切《うらぎ》り、朝倉《あさくら》についた。浅井軍《あざいぐん》と朝倉軍《あさくらぐん》に挟《はさ》まれる形《かたち》になった織田《おだ》・徳川連合軍《とくがわれんごうぐん》は大《おお》きな損害《そんがい》を受《う》けながら、なんとか撤退《てったい》。と、これが俺《おれ》の知《し》っている歴史《れきし》だ。

もし今回《こんかい》、浅井《あざい》が織田《おだ》を裏切《うらぎ》って朝倉《あさくら》につけば信長《のぶなが》は大《だい》ピンチ。反対にこのまま織田《おだ》の側《がわ》につけば、織田《おだ》・徳川《とくがわ》、そして浅井《あざい》の連合軍《れんごうぐん》は畿内《きない》、いや、それどころか天下《てんか》を手《て》に入れてしまうだろう。そんなことになれば、父上《ちちうえ》の仇討《かたきう》ちなんて無理《むり》だ。

天下《てんか》が決《き》まってしまう可能性《かのうせい》があるこの状況《じょうきょう》で、俺《おれ》にできることは……？

【朝倉（あさくら）軍に加勢しよう！】 46 へ進む

【もうしばらく様子を見よう】 47 へ進む

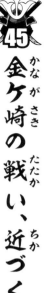

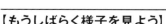

46 いざ、朝倉《あさくら》へ

「陣借《じんが》り」という言葉《ことば》がある。仕《つか》える主《あるじ》をなくした武将《ぶしょう》が、よその大名《だいみょう》の陣《じん》を借《か》りて戦《いくさ》に参加《さんか》する方法《ほうほう》だ。手柄《てがら》を立《た》てればそのまま取《と》り立《た》てられることも多《おお》い。

「つまり……若殿《わかどの》は朝倉《あさくら》の陣《じん》を借《か》りて、織田《おだ》と戦《たたか》おう、と言《い》われるのですかっ⁉」

俺《おれ》の提案《ていあん》を聞《き》いた堀池《ほりいけ》の爺《じい》は驚《おどろ》いて目《め》をむいた。

「聞《き》けば※斎藤龍興殿《さいとうたつおきどの》も朝倉《あさくら》のもとに身《み》を寄《よ》せているとか。それなら、俺《おれ》も朝倉軍《あさくらぐん》に加《くわ》えてもらえるかもしれないだろう？　なにより俺《おれ》は織田軍《おだぐん》と早《はや》く戦《たたか》いたい」

このまま寺《てら》で修業《しゅぎょう》を積《つ》んでいても軍勢《ぐんぜい》がわいて出《で》て来《く》るわけじゃない。なら、織田《おだ》信長《のぶなが》と一戦交《いっせんまじ》えるためにはどこかの武将《ぶしょう》に仕《つか》えるしかないんだ。

「それで……爺《じい》はこの寺《てら》に残《のこ》って欲《ほ》しい」

爺《じい》は俺《おれ》の言葉《ことば》に不服《ふふく》そうに黙《だま》り込《こ》んだ。だが、もう戦《いくさ》に出《で》る歳《とし》じゃない。幼《おさな》い頃《ころ》から今《いま》まで俺《おれ》を導《みちび》いてくれた爺《じい》には長生《ながい》きして欲《ほ》しいんだ。

68へ進む

※斎藤龍興：シーン②などでも触れられた美濃斎藤家の当主。

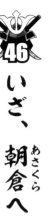

47 信長《のぶなが》が追《お》い込《こ》まれた金ケ崎《かながさき》の退《の》き口《ぐち》

元亀元年《げんきがんねん》（一五七〇）。金ケ崎《かながさき》では朝倉《あさくら》、織田《おだ》の両軍《りょうぐん》の戦《たたか》いが始《はじ》まっていた。

俺《おれ》は西教寺《さいきょうじ》で修業《しゅぎょう》を続《つづ》けながら、この戦《たたか》いの行方《ゆくえ》を見守《みまも》っていた。戦《いくさ》の行方《ゆくえ》を左右《さゆう》する存在《そんざい》——北近江《きたおうみ》の浅井長政《あざいながまさ》がどう動《うご》くのか。

古《ふる》くから結《むす》びつきの強《つよ》い朝倉《あさくら》につくのか、それとも信長《のぶなが》の妹《いもうと》お市《いち》の方《かた》を迎《むか》えたことによる織田《おだ》との同盟関係《どうめいかんけい》を優先《ゆうせん》するのか。

「浅井《あざい》は朝倉《あさくら》につきましたぞっ！」

堀池《ほりいけ》の爺《じい》が興奮気味《こうふんぎみ》に寺《てら》へと駆《か》け込《こ》んでくる。

最初《さいしょ》こそ織田軍有利《おだぐんゆうり》と言《い》われていた戦《たたか》いだけど、浅井《あざい》の動《うご》きが事実《じじつ》なら越前《えちぜん》の朝倉《あさくら》、北近江《きたおうみ》の浅井《あざい》に挟《はさ》み撃《う》ちにされて、信長《のぶなが》は絶体絶命《ぜったいぜつめい》だ。それでも俺《おれ》の知《し》っている歴史《れきし》の通《とお》りだとしたら……ぎりぎりのところで撤退《てったい》に成功《せいこう》する。

さあ、この歴史《れきし》はどう動《うご》く……？

48 へ進む

48 見《み》え始《はじ》めた魔《ま》王《おう》の影《かげ》

金ケ崎《かながさき》の戦《たたか》いで浅井長政《あざいながまさ》の裏切《うらぎ》りにあった織田信長《おだのぶなが》は絶体絶命《ぜったいぜつめい》のところを、羽柴秀吉《はしばひでよし》らの活躍《かつやく》もあって辛《かろ》うじて撤退《てったい》に成功《せいこう》していた。

「信長《のぶなが》めは妹《いもうと》の夫《おっと》だとしても……いや、身内《みうち》の裏切《うらぎ》りじゃからこそ、浅井長政《あざいながまさ》のことは許《ゆる》しはせぬでしょうな。伝《つた》え聞《き》く性格《せいかく》ならば、八《や》つ裂《ざ》きにしても飽《あ》き足《た》らぬことでしょうて」

堀池《ほりいけ》の爺《じい》は苦々《にがにが》しげにそうつぶやく。

それに加《くわ》えて、俺《おれ》は信長《のぶなが》が畿内《きない》に勢力《せいりょく》を広《ひろ》げてきて以来《いらい》、浅井《あざい》・朝倉《あさくら》への支援《しえん》を延暦寺《えんりゃくじ》が隠《かく》そうともしていないことのほうが、心配《しんぱい》だった。そのうち信《のぶ》長《なが》は延暦寺《えんりゃくじ》に対《たい》して、織田《おだ》につくのか敵対《てきたい》するのか決断《けつだん》を迫《せま》るだろう。

その返答次第《へんとうしだい》では——。

【焼き討ちにされかねないな】 49 へ進む

【すぐに戦いに巻き込まれはしないだろう】 58 へ進む

49 延暦寺《えんりゃくじ》に迫《せま》る危機《きき》？

延暦寺《えんりゃくじ》の焼《や》き討《う》ち。俺《おれ》の知《し》る歴史《れきし》では、織田《おだ》に敵対《てきたい》する勢力《せいりょく》を堂々《どうどう》と支援《しえん》する延暦《えんりゃく》寺《じ》のことが許《ゆる》せない信長《のぶなが》は比叡山《ひえいざん》を包囲《ほうい》、逃《に》げ場《ば》をなくした上《うえ》で、火《ひ》をかけたんだ。そして僧侶《そうりょ》から女子供《おんなこども》まで容赦《ようしゃ》なく殺《ころ》した。それと同《おな》じことが今回《こんかい》も起《お》こるんじゃないだろうか。俺《おれ》は心配《しんぱい》だった。

「はっはっは、お武家様《ぶけさま》は心配性《しんぱいしょう》でございますな」

俺《おれ》たちをかくまってくれている西教寺《さいきょうじ》の僧侶《そうりょ》たちは、誰《だれ》もが口々《くちぐち》にそう言《い》う。堀池《ほりいけ》の爺《じい》もまさか寺《てら》、しかも歴史《れきし》ある延暦寺《えんりゃくじ》を攻撃《こうげき》するなんて、いくら信長《のぶなが》でもありえない、と信《しん》じているようだ。

ここまでは俺《おれ》の知《し》っている歴史《れきし》から少《すこ》しずつ変化《へんか》が起《お》きているように思《おも》う。なら、延《えん》暦寺《りゃくじ》の焼《や》き討《う》ちも起《お》こらない可能性《かのうせい》も……いや、信長《のぶなが》の性格《せいかく》ならそんなことはありえない！　延暦寺《えんりゃくじ》を絶対《ぜったい》に許《ゆる》さないだろう。

50へ進む

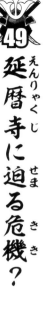

50 焼《や》き討《う》ち、始《はじ》まる

ある夜《よる》、寺《てら》の外《そと》が騒《さわ》がしかった。あわてふためく僧侶《そうりょ》たちの声《こえ》。そしてどこからか漂《ただよ》ってくる、焦《こ》げ臭《くさ》い臭《にお》いに俺《おれ》はあわてて寝所《しんじょ》を飛《と》び出《だ》していた。

夜空《よぞら》を見上《みあ》げると比叡山延暦寺《ひえいざんえんりゃくじ》の方向《ほうこう》が、赤々《あかあか》と燃《も》えていた。

「ぎゃーっ！　お助《たす》けをーーーー！！」

ここ西教寺《さいきょうじ》にも兵《へい》に追《お》われた僧侶《そうりょ》たちが逃《に》げ込《こ》んでくる。兵《へい》の背《せ》には織田《おだ》の旗印《はたじるし》。その兵《へい》が僧侶《そうりょ》を容赦《ようしゃ》なく斬《き》り捨《す》てていく。

「ついに始《はじ》まったんだ……」

浅井《あざい》・朝倉《あさくら》を支援《しえん》する延暦寺《えんりゃくじ》という存在《そんざい》は信長《のぶなが》にとっては目障《めざわ》りだ。いつかこうなるとは思《おも》っていた。でもこんな予想《よそう》、当《あ》たってもぜんぜんうれしくない！　俺《おれ》は目《め》の前《まえ》で死《し》んだ僧侶《そうりょ》を見《み》つめながら、そう考《かんが》えていた。

51へ進む

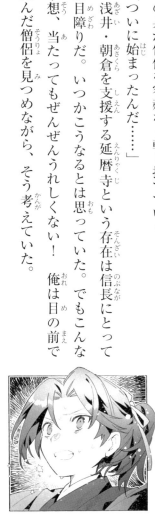

51 爺《じい》の言葉《ことば》

「爺《じい》……爺《じい》は無事《ぶじ》なのか!?」

西教寺《さいきょうじ》にも火《ひ》の手《て》が迫《せま》り、比叡山《ひえいざん》へと続《つづ》く道《みち》は織田《おだ》の兵《へい》に固《かた》められてしまっていた。そんな混乱《こんらん》の中《なか》、姿《すがた》の見《み》えなかった堀池《ほりいけ》の爺《じい》がふらふらと歩《ある》いてくるのが見《み》えた。深《ふか》い傷《きず》を負《お》っているのが遠《とお》くから見《み》てもわかる。

「若殿《わかどの》……くっ、不覚《ふかく》を取《と》ってしまいました……」

「爺《じい》、しっかり！　父上《ちちうえ》の仇《かたき》を一緒《いっしょ》に取《と》るんだろう！」

「はは……まだまだ、爺《じい》は死《し》にはしません……しかし、もうここ西教寺《さいきょうじ》はいけない。若殿《わかどの》は一人《ひとり》で大坂《おおさか》の石山本願寺《いしやまほんがんじ》に向《む》かいなさいませ」

延暦寺《えんりゃくじ》は焼《や》け落《お》ち、そしてここ西教寺《さいきょうじ》もやがて織田軍《おだぐん》によって焼《や》かれるだろう。そこで信長《のぶなが》に唯一抵抗《ゆいいつていこう》できる力《ちから》を持《も》つ仏教勢力《ぶっきょうせいりょく》、浄土真宗《じょうどしんしゅう》。その本山《ほんざん》である本願寺《ほんがんじ》を頼《たよ》れ、と爺《じい》は俺《おれ》に言《い》うんだ。

【いやだ、ここで俺は戦う！】52へ進む

【西教寺（さいきょうじ）を脱出する】54へ進む

52 逃《に》げるのは嫌《いや》なんだ

「嫌《いや》だ、俺《おれ》はここで戦《たたか》う！」

「若殿《わかどの》、なにをおっしゃるのです！　命《いのち》を粗末《そまつ》にしてはなりませんぞ！」

俺《おれ》は美濃《みの》での戦《たたか》いからずっと織田軍《おだぐん》から逃《に》げるばかりだった。ここでまた逃《に》げるのは嫌《いや》だった。だから俺《おれ》は刀《かたな》を取《と》ると爺《じい》に言《い》い放《はな》ったんだ。

「爺《じい》、結果的《けっかてき》に信長《のぶなが》に敗《やぶ》れるにしても逃《に》げるのだけはもう嫌《いや》なんだ。武将《ぶしょう》として、父上《ちちうえ》の子《こ》として勇《いさ》ましく戦《たたか》いたい。許《ゆる》してくれ、爺《じい》」

堀池《ほりいけ》の爺《じい》は少《すこ》し困《こま》ったような顔《かお》をした後《あと》、あきらめたようにため息《いき》をついた。

「まったく……若殿《わかどの》は父上《ちちうえ》に似《に》て、強情《ごうじょう》じゃあ。そこまでおっしゃるのであれば、爺《じい》は何《なに》も言《い》いませぬ。たとえ相手《あいて》がどれだけ多《おお》かろうと、織田《おだ》の兵《へい》どもに一泡《ひとあわ》吹《ふ》かせてやりましょうぞ！」

そうして俺《おれ》と爺《じい》は迫《せま》ってくる織田《おだ》の兵《へい》を待《ま》ち構《かま》えた。

53 へ進む

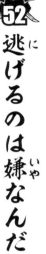

53 絶望的《ぜつぼうてき》な戦《たたか》い

西教寺《さいきょうじ》は延暦寺《えんりゃくじ》のように僧兵《そうへい》をたくさん抱《かか》えているわけじゃない。ここで織田《おだ》の軍《ぐん》と戦《たたか》えるのは俺《おれ》と深傷《ふかで》を負《お》った堀池《ほりいけ》の爺《じい》だけ。数《かず》の上《うえ》では絶望的《ぜつぼうてき》な戦《たたか》いだ。

「織田《おだ》の兵《へい》は弱兵《じゃくへい》と聞《き》くが！　悔《くや》しければこの斎藤龍高《さいとうたつたか》の首《くび》をとってみろ！」

わらわらと集《あつ》まってくる織田《おだ》の兵《へい》に向《む》かって俺《おれ》は叫《さけ》ぶ。一対一《いちたいいち》ならば織田《おだ》の兵《へい》に負《ま》けるとは思《おも》わない。次々《つぎつぎ》に現《あらわ》れる兵《へい》は集団戦《しゅうだんせん》を挑《いど》んでくる。俺《おれ》も爺《じい》も何人《なんにん》かの兵《へい》を斬《き》り捨《す》てたが……。

「爺《じい》……ここまで戦《たたか》ったが、そろそろ俺《おれ》の体力《たいりょく》も限界《げんかい》のようだ……」

「最期《さいご》まで若殿《わかどの》と行動《こうどう》を共《とも》にできたこと……爺《じい》は嬉《うれ》しゅうございますぞ。かくなる上《うえ》は……あの世《よ》までも同道《どうどう》いたしましょう！」

俺《おれ》と爺《じい》は最後《さいご》の力《ちから》を振《ふ》り絞《しぼ》って、敵《てき》の中《なか》へと斬《き》り込《こ》んでゆく。

力尽《ちからつ》き、倒《たお》れゆく中《なか》で俺《おれ》が最期《さいご》に見《み》たのは焼《や》け落《お》ちる西教寺《さいきょうじ》の姿《すがた》だった。

BAD END

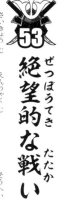

54 変装《へんそう》して脱出《だっしゅつ》だ

「ワシのことは心配《しんぱい》していただかなくて結構《けっこう》！　じゃから、若殿《わかどの》は安心《あんしん》して落《お》ち延《の》びられませい！」

堀池《ほりいけ》の爺《じい》はそう言《い》って俺《おれ》の背中《せなか》を押《お》した。手傷《てきず》を追《お》った自分《じぶん》が一緒《いっしょ》では足手《あしで》まといになると、俺《おれ》だけで落《お》ち延《の》びろというんだ。

「ささっ若殿《わかどの》、僧侶《そうりょ》の袈裟《けさ》を着《き》て。これで顔《かお》を伏《ふ》せていれば気《き》づかれますまい」

ただ織田軍《おだぐん》は西教寺《さいきょうじ》の周囲《しゅうい》にあふれ、僧侶《そうりょ》であろうと関係《かんけい》なく皆殺《みなごろ》しにするつもりだ。こんな変装《へんそう》で脱出《だっしゅつ》できるものなんだろうか……。

寺《てら》の境内《けいだい》を出《で》て、しばらく歩《ある》くと目《め》の前《まえ》に兵《へい》を引《ひ》き連《つ》れた武将《ぶしょう》に出会《であ》った。見《み》た目《め》はなんとなく偉《えら》そうには見《み》えないけど、織田《おだ》の武将《ぶしょう》だろうか。

「なんじゃ坊主《ぼうず》か。なら、さっさと行《い》けい。ほれ、他《ほか》のモンが来《こ》んうちに」

この織田《おだ》の武将《ぶしょう》は俺《おれ》を逃《に》がしてくれるのか？　身元《みもと》を確《たし》かめることもせずに？

55へ進む

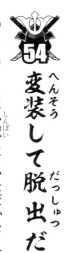

55 焼《や》き討《う》ちは好《す》きじゃにゃー

「何《なに》をぼさっとしとるんだ、早《はよ》う行《い》け」

目《め》の前《まえ》の武将《ぶしょう》がイラ立《だ》ったように言《い》う。織田軍《おだぐん》は延暦寺《えんりゃくじ》やその周辺《しゅうへん》の寺《てら》から逃《に》げ出《だ》そうとする者《もの》を次々《つぎつぎ》に斬《き》り捨《す》てていると聞《き》くのに、どうして……？

「あなた様《さま》のお名前《なまえ》は？」

「そんなことどうでもええだろう。じれってゃー。わしは木下藤吉郎《きのしたとうきちろう》……いやいや、そうじゃなくて※羽柴秀吉《はしばひでよし》じゃ」

これがあの羽柴秀吉《はしばひでよし》か。身長《しんちょう》が低《ひく》くて、猿《さる》に似《に》ていたとか、信長《のぶなが》にはハゲネズミと呼《よ》ばれていたとか伝《つた》えられる、あの秀吉《ひでよし》が俺《おれ》の目《め》の前《まえ》にいる。

「戦場《いくさば》ならともかく、わしは無抵抗《むていこう》の坊主《ぼうず》や女子供《おんなこども》を焼《や》き討《う》ちにするのは好《す》きじゃにゃー。だもんでちゃっと行《い》け言《い》っとるんだ」

そうか。俺《おれ》が僧侶《そうりょ》の袈裟《けさ》を着《き》ているから、勘違《かんちが》いしているんだ。悪《わる》いけど、ここはその勘違《かんちが》いを利用《りよう》させてもらおうか。

56 へ進む

※羽柴秀吉：豊臣秀吉のこと。本来の歴史では天下を取ったのち豊臣を名乗る。

56 いざ、石山本願寺《いしやまほんがんじ》

羽柴秀吉《はしばひでよし》の勘違《かんちが》いを利用して俺《おれ》はなんとか織田軍《おだぐん》の包囲《ほうい》をくぐり抜け、大坂《おおさか》の石山本《いしやまほん》願寺《がんじ》へと急《いそ》いだ。

「まさか、あんなところで〝あの〟羽柴秀吉《はしばひでよし》に出会《であ》うだなんて思《おも》わなかった」

でも……あれは本当《ほんとう》に秀吉《ひでよし》の勘違《かんちが》いだったんだろうか。彼《かれ》は俺《おれ》のことを僧侶《そうりょ》じゃなく、武士《ぶし》だとわかっていたような気《き》がする。その上《うえ》でとっくに勝負《しょうぶ》の見《み》えた戦《たたか》いで無駄《むだ》な人殺《ひとごろ》しをするのが嫌《いや》だから……なんてこれは俺《おれ》の勝手《かって》な想像《そうぞう》だ。

ようやくたどり着《つ》いた石山本願寺《いしやまほんがんじ》は熱気《ねっき》に満《み》ちていた。浄土真宗《じょうどしんしゅう》の総本山《そうほんざん》であり、大勢《おおぜい》の人《ひと》でごった返《がえ》すその構《かま》えは寺《てら》といいつつ城塞《じょうさい》のようだ。

元亀元年《げんきがんねん》（一五七〇）に織田信長《おだのぶなが》は石山本願寺《いしやまほんがんじ》に対《たい》して、自分《じぶん》に従《したが》うよう命令《めいれい》した。だけど本願寺《ほんがんじ》の顕如《けんにょ》※はそれを拒否《きょひ》。信長《のぶなが》と戦《たたか》うよう全国《ぜんこく》の門徒《もんと》に呼《よ》びかけたんだ。その多《おお》くは農民《のうみん》だろう。粗末《そまつ》な衣服《いふく》に槍《やり》や刀《かたな》を手《て》にし、口々《くちぐち》に織田軍《おだぐん》との戦《たたか》いは近《ちか》い、と言《い》い合《あ》っている。

57へ進む

※顕如：浄土真宗の本拠地である本願寺の住職。この頃の浄土真宗のリーダー的存在。

57 攻《せ》めあぐねる織田軍《おだぐん》

「仏敵信長《ぶってきのぶなが》を討《う》つべし！」

元亀《げんき》二年《ねん》（一五七一）に延暦寺《えんりゃくじ》を焼《や》き討《う》ちにしたのに続《つづ》き、織田軍《おだぐん》は何度《なんど》か石山本願寺《いしやまほんがんじ》を攻《せ》め落《お》とそうとした。ただそのすべてを退《しりぞ》けたことで、石山本願《いしやまほんがん》寺《じ》に籠城《ろうじょう》した門徒《もんと》たちもさらに熱《あつ》くなっていた。

この時期《じき》、門主《もんしゅ》の顕如《けんにょ》は日本各地《にほんかくち》の有力武将《ゆうりょくぶしょう》と連携《れんけい》して、信長《のぶなが》に対抗《たいこう》しようとしていた。その中《なか》には当然《とうぜん》、浅井《あざい》・朝倉《あさくら》もいた。加《くわ》えて、各地《かくち》で起《お》こる一揆《いっき》※が信長《のぶなが》を悩《なや》ませていた。

だけど、いつまで籠城《ろうじょう》を続《つづ》けられるんだろうか。ただ守《まも》っているだけじゃ、戦《いくさ》は勝《か》てない。それは今《いま》まで俺自身《おれじしん》がこの戦国時代《せんごくじだい》で経験《けいけん》してきたことでもある。

【このまま籠城（ろうじょう）を続ける】 62 へ進む

【一揆（いっき）と一緒に信長の背後を突く】 59 へ進む

※一揆：武士や農民が、目的を達するために集団で実力行使に出ること。

58 まだ時間《じかん》はあるはずだ

金ケ崎《かながさき》の戦《たたか》いで織田軍《おだぐん》、そしてその同盟《どうめい》の徳川軍《とくがわぐん》は浅井《あざい》・朝倉《あさくら》——特《とく》に浅井長政《あざいながまさ》の寝返《ねがえ》りにあって大《おお》きな打撃《だげき》を受《う》けたはずだ。

その浅井《あざい》・朝倉《あさくら》を延暦寺《えんりゃくじ》が支援《しえん》するのを気《き》に食《く》わないとしても、すぐに攻《せ》めるようなことはないと思《おも》う。なら、もうしばらくここ西教寺《さいきょうじ》も戦《いくさ》に巻《ま》き込《こ》まれることはないんじゃないだろうか。まだ時間《じかん》はある。俺《おれ》はそう考《かんが》えていた。

50 へ進む

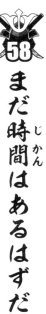

59

ここは攻《せ》め時《どき》だ！

石山本願寺《いしやまほんがんじ》がどんなに守《まも》りが堅《かた》くても、いずれは信長《のぶなが》に明《あ》け渡《わた》すことになる。考《かん》えたくはないけれど、俺《おれ》はそう思《おも》っている。

「なら、ここは籠城《ろうじょう》だけじゃなく、攻《せ》めることも必要《ひつよう》だ」

攻《せ》める？　どこから？

「なんでも長島《ながしま》の一揆《いっき》がまた織田《おだ》の武将《ぶしょう》を討《う》ち取《と》ったらしいぞ。すげえなあ。んで、ここは攻《せ》め時《どき》だって言《い》うんで、本願寺《ほんがんじ》からも援軍《えんぐん》を出《だ》すそうだ」

そんな話《はなし》が俺《おれ》の耳《みみ》に入《はい》った。伊勢国《いせのくに》（現在《げんざい》の三重県《みえけん》）長島《ながしま》。そこの一揆《いっき》は特《とく》に強大《きょうだい》で織田軍《おだぐん》はかなり苦戦《くせん》しているらしい。

「……よし、俺《おれ》も長島《ながしま》の一揆《いっき》に加《くわ》わる！」

そう考《かんが》えた俺《おれ》は石山本願寺《いしやまほんがんじ》から出発《しゅっぱつ》する軍《ぐん》に加《くわ》わることを決《き》めた。この戦《たたか》いで信長《のぶなが》を討《う》って、父上《ちちうえ》の仇《かたき》を取《と》れるなんてことは考《かんが》えていない。ただ、守《まも》っているだけじゃ信長《のぶなが》に近《ちか》づけやしないんだ！

60 へ進む

60 伊勢長島《いせながしま》の戦《たたか》い

顕如《けんにょ》の命令《めいれい》で伊勢国長島《いせのくにながしま》で立《た》ち上《あ》がった一揆《いっき》は特《とく》に勢《いきお》いがあった。ついには信長《のぶなが》の弟《おとうと》、信興《のぶおき》までも死《し》に追《お》いやるほどだ。

「この勢《いきお》いがあれば、近江《おうみ》で浅井《あざい》・朝倉《あさくら》とにらみ合《あ》っている信長《のぶなが》の背後《はいご》を突《つ》くことができるかもしれない！」

一揆《いっき》に加《くわ》わった俺《おれ》は最初《さいしょ》、そんな希望《きぼう》を持《も》った。

だけど弟《おとうと》、信興《のぶおき》の死《し》が信長《のぶなが》の怒《いか》りを呼《よ》んだんだろう。天正元年《てんしょうがんねん》（一五七三）に浅《あざ》井《い》・朝倉《あさくら》を滅《ほろ》ぼした信長《のぶなが》が伊勢《いせ》に本格的《ほんかくてき》に攻《せ》めてくると、希望《きぼう》はすべて打《う》ち砕《くだ》かれてしまった。信長《のぶなが》はもちろん嫡男信忠《ちゃくなんのぶただ》、柴田勝家《しばたかついえ》、佐久間信盛《さくまのぶもり》、九鬼嘉隆《くきよしたか》といった有名《ゆうめい》な武将《ぶしょう》たちによる総攻撃《そうこうげき》だ。ろくな武器《ぶき》のない、農民中心《のうみんちゅうしん》の一揆勢《いっきぜい》では勝《か》ち目《め》がなかった。

「これが……織田軍《おだぐん》の力《ちから》。やはり寄《よ》せ集《あつ》めの一揆《いっき》じゃ織田軍《おだぐん》に勝《か》てないのか⁉」

61 へ進む

61 絶望《ぜつぼう》への前進《ぜんしん》

農民中心《のうみんちゅうしん》の一揆勢《いっきぜい》は織田軍《おだぐん》の総攻撃《そうこうげき》の前《まえ》に敗《やぶ》れていった。

俺《おれ》の周《まわ》りでも一揆《いっき》に加《くわ》わった農民《のうみん》たちが次々《つぎつぎ》に殺《ころ》されていった。なんとか脱出《だっしゅつ》して石山本願寺《いしやまほんがんじ》にたどり着《つ》ければ……と思《おも》った俺《おれ》だったけど、信長《のぶなが》はここから誰一人《だれひとり》生《い》きて逃《のが》れさせるつもりはないらしい。周囲《しゅうい》は織田軍《おだぐん》に完全《かんぜん》に囲《かこ》まれていた。延暦寺《えんりゃくじ》の焼《や》き討《う》ちの時《とき》でさえ、ここまでではなかったと思《おも》う。

前進《ぜんしん》した先《さき》に死《し》しか待《ま》っていないのがわかっていても、俺《おれ》と残《のこ》されたわずかな一揆勢《いっきぜい》は前《まえ》へと進《すす》んだ。

だけどそれももう限界《げんかい》のようだ。

周囲《しゅうい》はどこを見回《みまわ》しても織田《おだ》の兵《へい》ばかりだ。

俺《おれ》は疲《つか》れた足《あし》を止《と》め、後《あと》は死《し》を待《ま》つだけだった。

BAD END

62 難攻不落《なんこうふらく》の本願寺《ほんがんじ》

天正《てんしょう》四年《ねん》（一五七六）に織田軍《おだぐん》に包囲《ほうい》された石山本願寺《いしやまほんがんじ》だったけど、いっこうに落《お》ちる気配《けはい》はなかった。逆《ぎゃく》に織田軍《おだぐん》の武将《ぶしょう》がどんどん討《う》たれていく始末《しまつ》だ。噂《うわさ》では門主《もんしゅ》である顕如《けんにょ》は永遠《えいえん》に籠城《ろうじょう》を続《つづ》けられる、と強気《つよき》らしい。

「織田《おだ》の包囲《ほうい》といっても三方《さんぽう》だけで、海上《かいじょう》からは次々《つぎつぎ》に食料《しょくりょう》や武器《ぶき》が運《はこ》び込《こ》まれている。これは本当《ほんとう》に永遠《えいえん》に籠城《ろうじょう》を続《つづ》けられるかも……」

次々《つぎつぎ》に積《つ》み上《あ》げられていく荷《に》を見《み》ていると、俺《おれ》でもそんな気《き》になる。

もちろん織田軍《おだぐん》もこの状況《じょうきょう》を黙《だま》って見《み》ていたわけじゃない。ただ、安芸国《あきのくに》の毛利輝元《もうりてるもと》が本願寺《ほんがんじ》を支援《しえん》するために派遣《はけん》した毛利水軍《もうりすいぐん》は強《つよ》かった。瀬戸内海《せとないかい》を支配《しはい》する彼《かれ》らに勝《か》てる水軍《すいぐん》を織田軍《おだぐん》はまだ持《も》っていなかったんだ。

63 へ進む

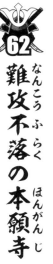

63 流《なが》れが変《か》わった

顕如《けんにょ》をはじめ石山本願寺《いしやまほんがんじ》は織田軍《おだぐん》に包囲《ほうい》されても強気《つよき》だった。強気《つよき》だから誰《だれ》も（そう、俺《おれ》もだ）気《き》づいていなかったけど、年号《ねんごう》が天正《てんしょう》に改《あらた》まった頃《ころ》から、実《じつ》は流《なが》れが変《か》わっていたんだ。

天正元年《てんしょうがんねん》（一五七三）には浅井《あざい》・朝倉両家《あさくらりょうけ》が次々《つぎつぎ》と信長《のぶなが》に滅《ほろ》ぼされた。戦国最強《せんごくさいきょう》と言《い》われた騎馬軍団《きばぐんだん》を持《も》つ甲斐国《かいのくに》の武田《たけだ》も、信玄《しんげん》の後《あと》を継《つ》いだ勝頼《かつより》が長篠《ながしの》の戦《たたか》いで敗《やぶ》れると、勢《いきお》いをなくした。信長《のぶなが》を苦《くる》しめた各地《かくち》の一揆《いっき》も敗《やぶ》れ、対抗《たいこう》できるのは安芸国《あきのくに》の毛利輝元《もうりてるもと》とこの本願寺《ほんがんじ》くらいになっていた。

そして天正《てんしょう》五年《ねん》（一五七七）。

「あれは……なんだ⁉」

木津川《きづがわ》に浮《う》かぶ巨大《きょだい》な黒《くろ》い塊《かたまり》――鉄甲船《てっこうせん》だ。率《ひき》いるのは織田《おだ》の武将《ぶしょう》、九鬼嘉隆《くきよしたか》。圧倒的《あっとうてき》な防御力《ぼうぎょりょく》と大砲《たいほう》で、六隻《ろくせき》の鉄甲船《てっこうせん》は毛利水軍《もうりすいぐん》を次々《つぎつぎ》に沈《しず》めていった。籠城《ろうじょう》を支《ささ》えていた毛利水軍《もうりすいぐん》の敗北《はいぼく》。戦《いくさ》の流《なが》れが変《か》わった瞬間《しゅんかん》だった。

64 へ進む

64 幕《まく》引《ひ》きの時《とき》

毛利水軍《もうりすいぐん》が敗《やぶ》れたとしても石山本願寺《いしやまほんがんじ》にはまだ食料《しょくりょう》も武器《ぶき》も十分《じゅうぶん》にあった。まだまだ戦《たたか》える余力《よりょく》はあったんだ。

だけど、織田水軍《おだすいぐん》の九鬼嘉隆《くきよしたか》に率《ひき》いられた黒《くろ》い鉄甲船《てっこうせん》の衝撃《しょうげき》は顕如《けんにょ》たちの考《かんが》え方《かた》を変《か》えたようだった。今《いま》はまだ大丈夫《だいじょうぶ》でも、この先《さき》、補給《ほきゅう》はできるのか。食料《しょくりょう》が尽《つ》きて飢《う》えてしまうのではないか。頼《たの》みにしてきた反織田《はんおだ》の武将《ぶしょう》たちも次々《つぎつぎ》に滅《ほろ》ぼされた。みんな、不安《ふあん》になるのも当然《とうぜん》だ。

そして、朝廷《ちょうてい》の仲介《ちゅうかい》によって信長《のぶなが》との和睦交渉《わぼくこうしょう》が本格的《ほんかくてき》に始《はじ》まった。

たとえ朝廷《ちょうてい》の仲介《ちゅうかい》だろうと、今《いま》までなら顕如《けんにょ》たちも強気《つよき》で突《つ》っぱねただろう。それが今回《こんかい》は様子《ようす》が違《ちが》うようだ。

「まだ戦《たたか》おうなんて言《い》っているのはほんの少数《しょうすう》だ。こんな状《じょう》況《きょう》じゃ、和睦《わぼく》だなんて言《い》ってても実際《じっさい》はこちらの負《ま》け戦《いくさ》だよな……」

当然《とうぜん》、対等《たいとう》の立場《たちば》での和睦《わぼく》なんて認《みと》められないはずだ。延暦寺《えんりゃくじ》を容赦《ようしゃ》なく焼《や》き討《う》ちにした信長《のぶなが》のことだ。激《はげ》しく抵抗《ていこう》した本願寺《ほんがんじ》に対《たい》しても相当《そうとう》に厳《きび》しい条《じょう》件《けん》を突《つ》きつけてくるだろう。

でも、今《いま》の本願寺《ほんがんじ》はそれを拒否《きょひ》することは難《むずか》しい。俺《おれ》も含《ふく》めて、そう考《かんが》える者《もの》は多《おお》かった。

どれだけ武器《ぶき》があってもこの負《ま》け戦《いくさ》ムードではもう戦《たたか》いにならない。

ただ、顕如《けんにょ》の子《こ》、教如《きょうにょ》や鉄砲集団《てっぽうしゅうだん》の雑賀衆《さいかしゅう》はまだ余力《よりょく》を残《のこ》しているうちの和睦《わぼく》など認《みと》めない、と主《しゅ》張《ちょう》しているらしい。言《い》い分《ぶん》はわかる。俺《おれ》だって信長《のぶなが》に負《ま》けるのは悔《くや》しい。悔《くや》しいけど、少数《しょうすう》の鉄砲集団《てっぽうしゅうだん》が抵抗《ていこう》したからってもう勝敗《しょうはい》は動《うご》かないだろう。

【徹底的（てっていてき）に戦おう！】 65 へ進む

【和睦（わぼく）がいいと思う】 67 へ進む

65 和睦《わぼく》なんてできるか！

天正八年《てんしょうねん》（一五八〇）。朝廷《ちょうてい》の仲介《ちゅうかい》によって織田信長《おだのぶなが》と本願寺《ほんがんじ》は和睦《わぼく》することになった。条件《じょうけん》は門主《もんしゅ》、顕如《けんにょ》をはじめ全員《ぜんいん》の石山本願寺《いしやまほんがんじ》からの退去《たいきょ》。

だけど俺《おれ》はそんな条件《じょうけん》に従《したが》うつもりはなかった。「和睦《わぼく》など受《う》け入《い》れない！」と主張《しゅちょう》する教如《きょうにょ》たちとともに、織田軍《おだぐん》との戦《たたか》いを続《つづ》けるんだ。

美濃《みの》を落《お》ち延《の》びてから、武士《ぶし》らしい戦《たたか》いをしたことはなかった。今《いま》だって鎧兜《よろいかぶと》もなくて足軽《※あしがる》のような姿《すがた》で、農民《のうみん》よりはマシという程度《ていど》だ。

「父上《ちちうえ》……父上《ちちうえ》の仇《かたき》は取《と》れそうにありません。でも、最後《さいご》は……死《し》ぬなら武士《ぶし》らしく死《し》にたい。許《ゆる》してくださいますよね？」

そう天《てん》に向《む》かってつぶやくと、俺《おれ》はボロボロの粗末《そまつ》な刀《かたな》を手《て》に最後《さいご》の戦《たたか》いに打《う》って出《で》たんだ。

66 へ進む

※足軽：武士に雇われた歩兵。農民や、主を失った武士などが足軽となった。

66

これが最期《さいご》の戦《たたか》いだ

石山本願寺《いしやまほんがんじ》での籠城《ろうじょう》はもうできない。なら、最期《さいご》は織田軍《おだぐん》——できれば誰《だれ》か有名《ゆうめい》な武将《ぶしょう》と戦《たたか》って死《し》にたい。俺《おれ》はそう願《ねが》って、戦《たたか》いを選《えら》んだ門徒《もんと》たちと寺《てら》の外《そと》へと打《う》って出《で》た……が、俺《おれ》の考《かんが》えは甘《あま》かったようだ。

立派《りっぱ》な鎧兜《よろいかぶと》を身《み》につけた大将《たいしょう》であれば、名乗《なの》りを上《あ》げて織田軍《おだぐん》の武将《ぶしょう》と斬《き》り合《あ》うこともできたかもしれない。だけど今《いま》の俺《おれ》の姿《すがた》は……。

打《う》って出《で》た俺《おれ》たちを待《ま》ち構《かま》えていたのは織田軍《おだぐん》の鉄砲隊《てっぽうたい》だった。一斉《いっせい》に火《ひ》を噴《ふ》く鉄砲《てっぽう》。斬《き》り合《あ》うどころか近《ちか》づくこともできず、門徒《もんと》たちがバタバタと人形《にんぎょう》のように倒《たお》れてゆく。

「これが鉄砲《てっぽう》の威力《いりょく》……」

鉄砲《てっぽう》が戦国時代《せんごくじだい》の戦《たたか》い方《かた》を大《おお》きく変《か》えた、と教科書《きょうかしょ》にも書《か》いてあったな。

そんなことを思《おも》った瞬間《しゅんかん》、一発《いっぱつ》の弾丸《だんがん》が俺《おれ》の額《ひたい》を撃《う》ち抜《ぬ》いていた。

BAD END

67

和《わ》睦《ぼく》しよう

石山本願寺《いしやまほんがんじ》での戦《たたか》い——石山合戦《いしやまかっせん》では敵味方《てきみかた》ともにたくさんの人《ひと》が亡《な》くなった。

特《とく》に織田軍《おだぐん》の攻撃《こうげき》は容赦《ようしゃ》がなかった。撫《な》で斬《ぎ》り、根切《ねき》り。呼《よ》び方《かた》はいろいろあるけど、つまり門徒《もんと》は皆殺《みなごろ》しにしろ、という信長《のぶなが》の命令《めいれい》だったんだ。

あの光景《こうけい》は目《め》に焼《や》き付《つ》いて離《はな》れない。勝《か》ち目《め》のない戦《たたか》いで、無駄《むだ》に命《いのち》を失《うしな》うことはないと、俺《おれ》が思《おも》ってしまうのは間違《まちが》っているだろうか。

俺《おれ》は和睦《わぼく》を受《う》け入《い》れ、この石山《いしやま》本願寺《ほんがんじ》を後《あと》にした。結局《けっきょく》、俺《おれ》は父《ちち》

の仇《かたき》、信長《のぶなが》を討《う》つことはできなかった。もしもっと大胆《だいたん》な行動《こうどう》に出《で》ていたら結果《けっか》は違《ちが》ったかもしれない。……なんて今《いま》さら言《い》っても仕方《しかた》のないことだ。

その数年後《すうねんご》――。

俺《おれ》は静《しず》かな場所《ばしょ》に小《ちい》さな庵《いおり》を建《た》てた。

亡《な》くなっていった人《ひと》たちを弔《とむら》いながら、僧侶《そうりょ》として生《い》きていく。

それが今《いま》の俺《おれ》にできる唯一《ゆいいつ》のことだった。

NORMAL END

68 間《ま》に合《あ》わなかったか！

元亀元年《げんきがんねん》（一五七〇）。織田軍《おだぐん》が越前国《えちぜんのくに》（現在《げんざい》の福井県《ふくいけん》）に攻《せ》め入《い》ると、朝倉軍《あさくらぐん》も兵《へい》を出《だ》した。両軍《りょうぐん》がぶつかったのは金ケ崎《かながさき》だ。

俺《おれ》は父《ちち》の仇《かたき》、信長《のぶなが》と戦《たたか》うために朝倉軍《あさくらぐん》に加《くわ》わろうと、畿内《きない》を後《あと》にしたんだ。

でも……俺《おれ》はこの戦《いくさ》には間《ま》に合《あ》わなかった。信長《のぶなが》の妹《いもうと》お市《いち》の方《かた》を妻《つま》にして、織田家《おだけ》とは同盟関係《どうめいかんけい》にあった北近江《きたおうみ》（現在《げんざい》の滋賀県《しがけん》）の浅井長政《あざいながまさ》が突然《とつぜん》織田《おだ》を裏切《うらぎ》ったらしい。浅井《あざい》、朝倉両軍《あさくらりょうぐん》に挟《はさ》み撃《う》ちにされた織田軍《おだぐん》は絶体絶命《ぜったいぜつめい》のところ、最小限《さいしょうげん》の損害《そんがい》だけで退《しりぞ》くことに成功《せいこう》した、と聞《き》いている。この状況《じょうきょう》で撤退《てったい》を成功《せいこう》させるなんて織田家《おだけ》には有能《ゆうのう》な武将《ぶしょう》がそろっているんだろう。

やはり織田軍《おだぐん》、そして信長《のぶなが》に勝《か》つのは簡単《かんたん》なことではないな……。俺《おれ》も改《あらた》めて気《き》を引《ひ》き締《し》めないと！

69へ進む

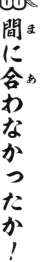

69 姉川《あねがわ》の戦《たたか》い前夜《ぜんや》

信長《のぶなが》は金ケ崎《かながさき》の戦《たたか》いの後《あと》、数ケ月《すうかげつ》で態勢《たいせい》を立《た》て直《なお》すと、自分《じぶん》を裏切《うらぎ》った浅井長政《あざいながまさ》を討《う》つために近江《おうみ》へと軍《ぐん》を進《すす》めていた。もちろん朝倉義景《あさくらよしかげ》も浅井家《あざいけ》へ援軍《えんぐん》を送《おく》る。浅井《あざい》・朝倉連合軍《あさくられんごうぐん》と織田《おだ》・徳川連合軍《とくがわれんごうぐん》はまさに今《いま》、※姉川《あねがわ》を挟《はさ》んで向《む》かい合《あ》っている最中《さいちゅう》だ。

次《つぎ》の戦《いくさ》には絶対《ぜったい》に間《ま》に合《あ》ってみせる。でないと、なんのために俺《おれ》はここまで西教寺《さいきょうじ》に身《み》を隠《かく》し、修業《しゅぎょう》の日々《ひび》を送《おく》ってきたのかわからないじゃないか！

70 へ進む

※姉川：近江国と美濃国の間を流れる川。

70 これが本物《ほんもの》の戦《いくさ》だ

姉川《あねがわ》を挟《はさ》んで向《む》かい合《あ》う浅井《あざい》・朝倉連合軍《あさくられんごうぐん》と織田《おだ》・徳川連合軍《とくがわれんごうぐん》。兵《へい》の数《かず》は両《りょう》軍合《ぐんあ》わせて数万《すうまん》。俺《おれ》の知っている戦《いくさ》とはケタ違《ちが》いの多《おお》さだ。

「これが戦《いくさ》というものなのか……いやっ！　数《かず》に驚《おどろ》くな！」

初《はじ》めて経験《けいけん》する本格的《ほんかくてき》な戦《いくさ》だ。俺《おれ》は自分《じぶん》に気合《きあい》を入《い》れ直《なお》すと朝倉軍《あさくらぐん》の本陣《ほんじん》へと向《む》かった。だけど――。

「こんな着《き》の身着《みき》のままの姿《すがた》で朝倉軍《あさくらぐん》に加《くわ》えてもらえるだろうか？　うーん、せめて美濃《みの》を落《お》ち延《の》びる時《とき》に着《き》ていた鎧兜《よろいかぶと》があれば……」

残念《ざんねん》ながら鎧兜《よろいかぶと》は落《お》ち延《の》びる途中《とちゅう》、身軽《みがる》になるために路銀《ろぎん》に換《か》えてしまっていたんだ。これではどう見《み》ても農村《のうそん》から駆《か》り出《だ》された兵《へい》、足軽《あしがる》だ。まともな武《ぶ》将《しょう》には見《み》えないだろう。さて、どうすれば朝倉軍《あさくらぐん》に加《くわ》えてもらえるだろうか。

【美濃斎藤（みのさいとう）家の者だと名乗る】 72 へ進む

【足軽なら加えてもらえるかも……】 74 へ進む

71 どう答《こた》える……？

若武者《わかむしゃ》に突然《とつぜん》、「戦《いくさ》の状況《じょうきょう》をどう見《み》る？」と尋《たず》ねられた俺《おれ》は迷《まよ》った末《すえ》に答《こた》えた。

「私《わたし》は足軽《あしがる》に過《す》ぎません。意見《いけん》を申《もう》し上《あ》げるなど、とてもとても……」

「この浅井長政《あざいながまさ》が尋《たず》ねてもか？」

目《め》の前《まえ》の若武者《わかむしゃ》が浅井家《あざいけ》の主《あるじ》、浅井長政殿《あざいながまさどの》!? 立派《りっぱ》な鎧《よろい》からして、それなりに偉《えら》い立場《たちば》の武将《ぶしょう》だとは思《おも》ったけれど……。その長政殿《ながまさどの》の問《と》い、俺《おれ》はどう答《こた》えるべきなんだろう。

「……そうか」

俺《おれ》が黙《だま》ったままなのを見《み》て、長政殿《ながまさどの》はそれ以上尋《いじょうたず》ねることは止《や》めたようだ。少《すこ》し残念《ざんねん》そうに見《み》えたのは俺《おれ》の考《かんが》えすぎだろうか。

80へ進む

72 我《われ》こそは斎藤家《さいとうけ》の者《もの》なり！

「何者《なにもの》だっ!?」

朝倉軍《あさくらぐん》の兵《へい》に呼《よ》び止《と》められた。

確《たし》かにこんな格好《かっこう》で本陣《ほんじん》の周囲《しゅうい》をうろうろしていたら、怪《あや》しまれるに決《き》まっている。

でも、ここでひるんだら余計《よけい》に怪《あや》しい。

「俺《おれ》……いや、私《わたし》は美濃斎藤家《みのさいとうけ》に連《つら》なる者《もの》。どなたか朝倉殿《あさくらどの》に取《と》り次《つ》いでもらえないか！」

胸《むね》を張《は》って、思《おも》い切《き》り大声《おおごえ》で言《い》ったつもりだった。

「はあ？　美濃斎藤家《みのさいとうけ》!?　そんなみすぼらしい格好《かっこう》して武将《ぶしょう》だと言《い》い張《は》るつもりか？

……笑《わら》わせんな。冗談《じょうだん》もほどほどにしとけっ！」

名《な》もない足軽《あしがる》にまで思《おも》いっきりバカにされてしまった。やはり戦場《せんじょう》で鎧兜《よろいかぶと》もつけていないとそういう扱《あつか》いになるのか……。

73へ進む

73 ここで引《ひ》き下《さ》がれるか!

ここまで来《き》て引《ひ》き下《さ》がれるか! 朝倉軍《あさくらぐん》に加《くわ》えてもらえず、すごすごと引《ひ》き下《さ》がったら堀池《ほりいけ》の爺《じい》に顔向《かおむ》けできないじゃないか。

「鎧兜《よろいかぶと》はなくとも刀《かたな》はある! ほらっ!」

「はあ? 見《み》たところそれなりに立派《りっぱ》な刀《かたな》だが……」

足軽《あしがる》は俺《おれ》の刀《かたな》に見入《みい》っている。武士《ぶし》としてこの刀《かたな》だけは大切《たいせつ》にしてきたんだ。

「はっ! どうせ、戦場《せんじょう》で奪《うば》い取《と》ったんだろうが。この追《お》いはぎめ!」

俺《おれ》が追《お》いはぎ!? 足軽《あしがる》のくせに無礼《ぶれい》にもほどがある。怒《いか》りを押《お》し殺《ころ》して、無理《むり》に通《とお》ろうとした俺《おれ》だったが、あっという間《ま》に足軽《あしがる》たちに取《と》り囲《かこ》まれた。

「そこまでして通《とお》ろうとするのは織田《おだ》の間者《かんじゃ》に違《ちが》いない! やっちまえ!」

足軽《あしがる》たちにボコボコにされた俺《おれ》は、目《め》が覚《さ》めると道端《みちばた》にボロ雑巾《ぞうきん》のように捨《す》てられていた。それでも命《いのち》があっただけマシ……なのかもしれない。

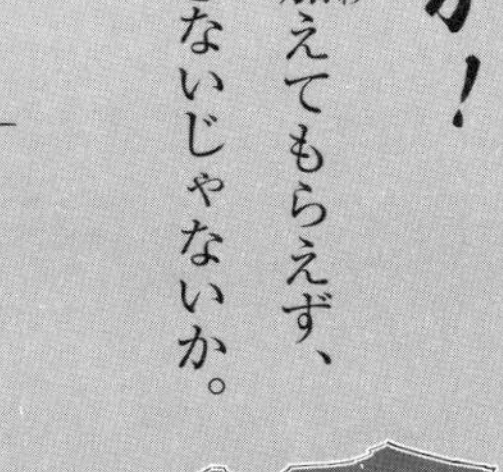

NORMAL END

74 手柄《てがら》を立《た》てるんだ！

こんな格好《かっこう》だ。斎藤家《さいとうけ》の者《もの》だと信《しん》じてもらえないのも仕方《しかた》ない。それなら足軽《あしがる》でもいい。まずは朝倉軍《あさくらぐん》に加《くわ》えてもらい、手柄《てがら》をあげた時《とき》、自分《じぶん》の本当《ほんとう》の身分《みぶん》を明《あ》かそう。そうすれば信《しん》じてもらえるかもしれない。

幸《さいわ》い、朝倉軍《あさくらぐん》も織田軍《おだぐん》との大《おお》きな戦《いくさ》を前《まえ》にして多《おお》くの兵《へい》が欲《ほ》しいのか、俺《おれ》はうまく足軽《あしがる》の一人《ひとり》として加《くわ》わることに成功《せいこう》した。

後《あと》はこの戦《いくさ》、なんとしても生《い》き残《のこ》る。

いや、生《い》き残《のこ》るだけじゃ駄目《だめ》なんだ。なんとしても手柄《てがら》を立《た》てないと、ただの足軽《あしがる》で終《お》わってしまう！

75へ進む

75 始《はじ》まらない戦《いくさ》

浅井家《あざいけ》の本拠《ほんきょ》小谷城《おだにじょう》と姉川《あねがわ》を挟《はさ》んだ対岸《たいがん》にある横山城《よこやまじょう》を中心《ちゅうしん》に、織田軍《おだぐん》は布《ふ》陣《じん》。浅井《あざい》・朝倉連合軍《あさくられんごうぐん》と織田《おだ》・徳川連合軍《とくがわれんごうぐん》は姉川《あねがわ》を境《さかい》ににらみ合《あ》っていた。

織田軍《おだぐん》の一角《いっかく》には西美濃三人衆《にしみのさんにんしゅう》（稲葉良通《いなばよしみち》、氏家卜全《うじいえぼくぜん》、安藤守就《あんどうもりなり》）が布陣《ふじん》していると噂《うわさ》に聞《き》いた。同《おな》じ美濃国《みののくに》の者同士《ものどうし》で戦《たたか》うことになるとは……。

でも、それが戦国時代《せんごくじだい》というものなんだ。親兄弟《おやきょうだい》が敵味方《てきみかた》に分《わ》かれることだってって珍《めずら》しくはないんだから。

だけど、いつまでたっても戦《いくさ》は始《はじ》まらなかった。朝倉軍《あさくらぐん》の陣内《じんない》も緊張《きんちょう》が緩《ゆる》んできているのが俺《おれ》でもわかる。

「まったく……誰《だれ》も彼《かれ》も気《き》が緩《ゆる》んでいる」

つぶやきが聞《き》こえた。声《こえ》の方向《ほうこう》に視線《しせん》をやるとそこには立《りっ》派《ぱ》な鎧《よろい》をまとった若《わか》い武将《ぶしょう》がいた。その表情《ひょうじょう》からもイラ立《だ》ちが伝《つた》わってくるようだ。

【気軽に声をかけてみようか】 76 へ進む

【礼をつくして声をかけよう】 78 へ進む

76 気持《きも》ちは分《わ》かる

若武者《わかむしゃ》のイラ立《だ》ちは俺《おれ》にもよくわかった。

だからつい気軽《きがる》な気持《きも》ちで俺《おれ》は声《こえ》をかけてしまった。

「この陣内《じんない》の気《き》が抜《ぬ》けたような空気《くうき》、イラ立《だ》つのもわかるよ」

一瞬《いっしゅん》、若武者《わかむしゃ》は驚《おどろ》いたような顔《かお》をして、次《つぎ》にはまゆをひそめた。明《あき》らかに「こいつは誰《だれ》だ？」と思《おも》っている。

……忘《わす》れていた。今《いま》の俺《おれ》は〝斎藤龍高《さいとうたつたか》〟ではなく、ただの足軽《あしがる》なんだ。軽々《かるがる》しく武将《ぶしょう》に声《こえ》をかけていい立場《たちば》じゃない。

「貴様《きさま》、私《わたし》を浅井長政《あざいながまさ》と知《し》っての無礼《ぶれい》な振《ふ》る舞《ま》いか！」

よりによって俺《おれ》が声《こえ》をかけたのは浅井家当主《あざいけとうしゅ》、長政殿《ながまさどの》だった！

足軽《あしがる》のくせに総大将《そうだいしょう》にタメ口《ぐち》で話《はな》しかけるなんて最悪《さいあく》だ。そう気《き》づいた時《とき》には長政《ながまさ》殿《どの》はすでに刀《かたな》に手《て》をかけていた。

77へ進む

77 ど、どうしたらいいんだ!?

「足軽《あしがる》の分際《ぶんざい》で総大将《そうだいしょう》に軽々《かるがる》しく話《はな》しかけるとは礼《れい》を知《し》らぬヤツ。無礼者《ぶれいもの》めが!」

タメ口《ぐち》で話《はな》しかけてしまった俺《おれ》に対《たい》して、浅井長政殿《あざいながまさどの》が怒《いか》りをあらわにする。

ど、どうしたらいいんだ?

後《あと》にして思《おも》えばここは土下座《どげざ》でもして、必死《ひっし》に謝《あやま》るべきだったのかもしれない。そしたら万《まん》が一《いち》にでも命《いのち》だけは助《たす》けてもらえたかもしれない。

だけど、その時《とき》の俺《おれ》はそこまで頭《あたま》が回《まわ》らなかった。

「おのれ……戦《いくさ》の前《まえ》だ。必死《ひっし》に謝《あやま》れば命《いのち》だけは助《たす》けてやろうと思《おも》ったが、もはやそんな配慮《はいりょ》は不要《ふよう》。この場《ば》で斬《き》り捨《す》ててくれる!」

長政殿《ながまさどの》が刀《かたな》を抜《ぬ》く。その瞬間《しゅんかん》、俺《おれ》は自分《じぶん》の命《いのち》がここで尽《つ》きることを察《さっ》した。

父《ちち》の仇《かたき》を取《と》るどころじゃない。まさか、斎藤龍高《さいとうたつたか》としてではなく、名《な》も知《し》れないただの足軽《あしがる》として命《いのち》を落《お》とすことになるなんて……。

BAD END

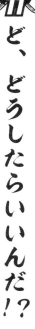

78 驚《おどろ》き

「御大将《おんたいしょう》自《みずか》ら御見回《おみまわ》り、ご苦労様《くろうさま》でございます」

俺《おれ》は若武者《わかむしゃ》に対《たい》して深々《ふかぶか》と頭《あたま》を下《さ》げた。相手《あいて》の鎧《よろい》は立派《りっぱ》なものだ。若武者《わかむしゃ》とはいえ一軍《いちぐん》を率《ひき》いる立場《たちば》にある方《かた》だろう。それなら、足軽《あしがる》が気軽《きがる》に声《こえ》をかけられる相手《あいて》じゃない。できる限《かぎ》りの礼《れい》を尽《つ》くさないと。

突然声《とつぜんこえ》をかけられて、若武者《わかむしゃ》は一瞬驚《いっしゅんおどろ》いたようだ。

「面《おもて》を上《あ》げよ」

若武者《わかむしゃ》から意外《いがい》な言葉《ことば》が返《かえ》ってきた。その声《こえ》は怒《おこ》っているようには聞《き》こえなかった。

79 へ進む

79 突然《とつぜん》の問《と》いかけ

恐《おそ》る恐《おそ》る俺《おれ》は顔《かお》を上《あ》げた。目《め》の前《まえ》の若武者《わかむしゃ》と目《め》が合《あ》う。

「そなたは何者《なにもの》だ？　ただの足軽《あしがる》にしては身《み》のこなしに卑《いや》しさを感《かん》じさせない。なによりその目《め》――」

正体《しょうたい》を疑《うたが》われている？　ここは素直《すなお》に名乗《なの》るべきだろうか。

「あ……いや、なんでもない。私《わたし》の考《かんが》えすぎだろう」

ほっとする俺《おれ》。ここは深入《ふかい》りせずに早《はや》くこの場《ば》を立《た》ち去《さ》った方《ほう》が無難《ぶなん》かもしれない。そう思《おも》った俺《おれ》に向《む》かって若武者《わかむしゃ》はさらに声《こえ》をかけてきた。

「一《ひと》つ聞《き》きたいことがある。そなたは戦《いくさ》の状況《じょうきょう》をどう見《み》る？」

いやいやいや……待《ま》ってくれ！　ただの足軽《あしがる》に戦《いくさ》の状況《じょうきょう》をどう見《み》るか、普通《ふつう》尋《たず》ねるか？　もちろん言《い》いたいことはある。

でも今《いま》の俺《おれ》はどこからどう見《み》てもただの足軽《あしがる》だぞ!?

【緊張感（きんちょうかん）がなさすぎます】 82 へ進む

【意見を申し上げる立場にはありません】 71 へ進む

80 荒《あ》れる朝倉義景殿《あさくらよしかげどの》

浅井《あざい》・朝倉軍《あさくらぐん》の本陣《ほんじん》では軍議《ぐんぎ》、つまり作戦会議《さくせんかいぎ》が開《ひら》かれていた。

俺《おれ》はその警護《けいご》だ。まさか新参者《しんざんもの》の俺《おれ》がこんな大事《だいじ》な役目《やくめ》を任《まか》されるとは思《おも》わなかったけど、どうやら浅井長政殿《あざいながまさどの》が命《めい》じたようだった。

聞《き》こえてくる会話《かいわ》の様子《ようす》では、状況《じょうきょう》がなかなか動《うご》かないことに、みんなイラ立《だ》っているようだ。特《とく》に朝倉家《あさくらけ》の主《あるじ》、※義景殿《よしかげどの》。当主自《とうしゅみずか》ら兵《へい》を率《ひき》いて出《で》てきたのに、戦《いくさ》がなかなか始《はじ》まらないのではそうもなるか。

「信長《のぶなが》めは目《め》の前《まえ》にいるのだぞ！　ワシ自《みずか》ら総大将《そうだいしょう》として出陣《しゅつじん》したというのに、なんというていたらく！　誰《だれ》か先陣《せんじん》を切《き》って、その首《くび》を獲《と》ってくるような勇者《ゆうしゃ》はおらんのか！」

いくらなんでもそれは無茶《むちゃ》だ。自分《じぶん》が指名《しめい》されたら大変《たいへん》だ、とどの武将《ぶしょう》も義景殿《よしかげどの》と目《め》を合《あ》わせないようにしている。

81へ進む

※義景：本来の歴史では、義景は家臣の朝倉景健（かげたけ）を総大将としている。

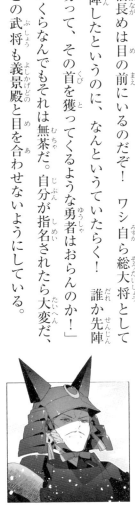

81 突然《とつぜん》の指名《しめい》

軍議《ぐんぎ》はなかなか、まとまらなかった。その時《とき》、浅井長政殿《あざいながまさどの》が俺《おれ》に声《こえ》をかけた。

「そこの足軽《あしがる》。名《な》を聞《き》くのを忘《わす》れたが、そなたならこの状況《じょうきょう》でどう軍勢《ぐんぜい》を動《うご》かす？」

大将《たいしょう》が足軽《あしがる》に作戦《さくせん》を尋《たず》ねる。そんなことは前代未聞《ぜんだいみもん》で、軍議《ぐんぎ》に集《あつ》まった武将《ぶしょう》たちがざわつくのも当然《とうぜん》だ。

「長政殿《ながまさどの》！　いくらなんでも足軽《あしがる》に尋《たず》ねるなど冗談《じょうだん》にもほどがある！」

武将《ぶしょう》たちから怒声《どせい》も飛《と》ぶ。それでも長政殿《ながまさどの》は平然《へいぜん》と言《い》った。

「そなた、どこの家中《かちゅう》の者《もの》かは問《と》いただ. さないが、その立《た》ち居振《いふ》る舞《ま》い、農民《のうみん》の出《で》ではあるまい？　恐《おそ》らくは武士《ぶし》であろう」

どうやら長政殿《ながまさどの》は俺《おれ》が武士《ぶし》だということに、薄々《うすうす》気《き》づいていたようだ。となると、これ以上隠《いじょうかく》しておく必要《ひつよう》もないだろう。

俺《おれ》は決心《けっしん》すると、前《まえ》に進《すす》み出《で》た。


【奇襲（きしゅう）に備えましょう】84へ進む

【私に先陣（せんじん）を！】88へ進む

82 率直《そっちょく》な物言《ものい》い

「この戦《いくさ》、あまりに緊張感《きんちょうかん》がなさすぎます」

俺《おれ》は戦《いくさ》の状況《じょうきょう》を尋《たず》ねてきた若武者《わかむしゃ》に率直《そっちょく》に答えた。足軽《あしがる》が明《あき》らかに目上《めうえ》の武将《ぶしょう》に意見《いけん》するなんてことは本来《ほんらい》あり得《え》ない。

「くくっ……まさか、この長政《ながまさ》にそこまで率直《そっちょく》に物申《ものもう》すとは思《おも》わなかったぞ」

長政《ながまさ》？　つまり……目《め》の前《まえ》の若武者《わかむしゃ》は浅井家《あざいけ》の主《あるじ》、浅井長政《あざいながまさ》!?　よりによって俺《おれ》が意見《いけん》した相手《あいて》がこの軍《ぐん》の大将《たいしょう》だったなんて！

「金ケ崎《かながさき》では我《われ》らが勝《か》ちを拾《ひろ》った。できればその勢《いきお》いのまま攻《せ》めたかったが、織田軍《おだぐん》が態勢《たいせい》を立《た》て直《なお》すのが想像以上《そうぞういじょう》に早《はや》かった。結局《けっきょく》、姉川《あねがわ》を挟《はさ》んで本隊同士《ほんたいどうし》はにらみ合《あ》いだ。長引《ながび》けばそなたの言《い》うとおり、兵《へい》たちの緊張《きんちょう》も緩《ゆる》む」

それが気《き》になって長政殿《ながまさどの》は陣中《じんちゅう》を見回《みまわ》っていたのだ。

80へ進む

83 一刻《いっこく》も早《はや》く本陣《ほんじん》へ！

俺《おれ》たちの目《め》の前《まえ》で榊原康政《さかきばらやすまさ》率《ひき》いる軍勢《ぐんぜい》が、ゆっくりと浅井《あざい》・朝倉軍《あさくらぐん》の側面《そくめん》へと向《む》かっていた。姉川《あねがわ》を迂回《うかい》して相手《あいて》の側面《そくめん》を突《つ》く。榊原康政《さかきばらやすまさ》は俺《おれ》と同《おな》じことを考《かんが》えていたことになる。

このことを早《はや》く本陣《ほんじん》の朝倉義景殿《あさくらよしかげどの》、浅井長政殿《あざいながまさどの》に伝《つた》えなければこの戦《いくさ》、大敗北《だいはいぼく》に繋《つな》がる可能性《かのうせい》がある。俺《おれ》にもっと兵《へい》があればここで榊原康政《さかきばらやすまさ》と戦《たたか》う、という選択肢《せんたくし》もあったけれど、今《いま》の俺《おれ》の元《もと》には少数《しょうすう》の足軽《あしがる》しかいないいんだ。

「仕方《しかた》ない、ここは本陣《ほんじん》へ戻《もど》ろう。幸《さいわ》い、榊原《さかきばら》の軍勢《ぐんぜい》にはこちらの存在《そんざい》は気《き》づかれてないようだし、ゆっくり、静《しず》かに……退《ひ》くぞ」

俺《おれ》の命令《めいれい》に足軽《あしがる》たちは緊張《きんちょう》の面持《おもも》ちで、黙《だま》ってうなずいた。

そして時《とき》が過《す》ぎて、あともう少《すこ》しで本陣《ほんじん》というところで、*鬨《とき》の声《こえ》が聞《き》こえた。

戦《いくさ》が始《はじ》まったんだ。

「くっ……間《ま》に合《あ》わなかったか！」

96 へ進む

※鬨の声：多くの人が一緒にさけぶ声。

84 奇襲《きしゅう》に備《そな》えましょう

俺《おれ》は浅井長政殿《あざいながまさどの》の前《まえ》に進《すす》み出《で》た。足軽《あしがる》の格好《かっこう》をしているが、実《じつ》は武士《ぶし》だとバレているのならこれ以上隠《いじょうかく》す必要《ひつよう》もない。

「奇襲《きしゅう》に備《そな》えましょう」

俺《おれ》の言葉《ことば》に軍議《ぐんぎ》に集《あつ》まった武将《ぶしょう》たちから、笑《わら》いが漏《も》れた。お互《たが》いにこれだけ大軍勢《だいぐんぜい》をそろえているのに、あえて奇襲《きしゅう》をかけてくるはずがない、と思《おも》っているんだ。「そんな卑怯《ひきょう》な手《て》を考《かんが》えるところが、しょせん足軽《あしがる》だ」などと陰《かげ》口《ぐち》も聞《き》こえる。

だが、長政殿《ながまさどの》だけは笑《わら》っていない。

「これだけの数《かず》の浅井《あざい》・朝倉軍《あさくらぐん》に奇襲《きしゅう》を仕掛《しか》けてくると?」

俺《おれ》の進言《しんげん》に長政殿《ながまさどの》は「うーん」と考《かんが》え込《こ》んでいる。

俺《おれ》の進言《しんげん》は受《う》け入《い》れられるだろうか。

85 へ進む

85 無視《むし》される進言《しんげん》

「見《み》よ、織田《おだ》の軍勢《ぐんぜい》を。あれだけの軍《ぐん》が動《うご》けばすぐにわかる。奇襲《きしゅう》など不可能《ふかのう》！」

軍議《ぐんぎ》に加《くわ》わっている武将《ぶしょう》たちから、そんな意見《いけん》が出《で》る。

「全軍《ぜんぐん》が動《うご》くとは限《かぎ》りません」

「はっ！　気《き》づかれないよう少数《しょうすう》で奇襲《きしゅう》をかけてくれれば、それこそ浅井《あざい》・朝倉《あさくら》の総力《そうりょく》をもって討《う》ち取《と》ってくれるわ！」

俺《おれ》の進言《しんげん》に賛同《さんどう》してくれる武将《ぶしょう》は誰《だれ》もいない。

「長政殿《ながまさどの》、そなたはこの者《もの》を買《か》いかぶりすぎじゃ。何者《なにもの》か知《し》らぬが、ありもしない奇《き》襲《しゅう》に怯《おび》えるなど、臆病《おくびょう》な足軽《あしがる》らしいわ」

総大将《そうだいしょう》の朝倉義景殿《あさくらよしかげどの》は俺《おれ》に目《め》を合《あ》わせることもせずに、そう言《い》い放《はな》った。進言《しんげん》してみたものの足軽《あしがる》の意見《いけん》など無視《むし》されると、内心《ないしん》では思《おも》っていた。ただ、せっかく発言《はつげん》の機会《きかい》を与《あた》えてくれた浅井長政殿《あざいながまさどの》に申《もう》し訳《わけ》なかった。

86へ進む

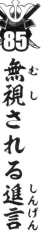

86 奇襲《きしゅう》への備《そな》え

俺《おれ》の進言《しんげん》は無視《むし》され、何《なに》も決《き》まらないまま軍議《ぐんぎ》は終《お》わった。

「奇襲《きしゅう》はあると思《おも》うか?」

持《も》ち場《ば》に戻《もど》ろうとした俺《おれ》に浅井長政殿《あざいながまさどの》が声《こえ》をかけてきた。

「織田軍《おだぐん》もこのまま何《なん》の成果《せいか》もなく、時《とき》だけが過《す》ぎていくのは望《のぞ》まないはず」

長政殿《ながまさどの》は考《かんが》え込《こ》むと、何《なに》かを決意《けつい》したようにうなずいた。

「奇襲《きしゅう》をかけてくるとしたら、我《わ》が軍《ぐん》の側面《そくめん》から。……よし、一部《いちぶ》の兵《へい》を側面《そくめん》の警戒《けいかい》に回《まわ》そう。もちろんそなたも加《くわ》わってくれるな?」

「しかし、義景殿《よしかげどの》は良《い》いのですか?」

軍議《ぐんぎ》の様子《ようす》を見《み》ていると朝倉義景《あさくらよしかげ》という人《ひと》は、自分《じぶん》をないがしろにされると、相当面《そうとうめん》倒《どう》くさいことになりそうな性格《せいかく》のようだ。だが、長政殿《ながまさどの》はそんなことはまったく気《き》にせず、テキパキと家臣《かしん》たちに指示《しじ》を与《あた》えていった。

87へ進む

87

状況《じょうきょう》が動《うご》いた！

姉川《あねがわ》を挟《はさ》んでにらみ合《あ》っていた浅井《あざい》・朝倉連合軍《あさくられんごうぐん》と織田《おだ》・徳川連合軍《とくがわれんごうぐん》。それが突然《とつぜん》状況《じょうきょう》が動《うご》き始《はじ》めた。

「軍議《ぐんぎ》では何《なに》も決《き》まらず、結局《けっきょく》、なし崩《くず》し的《てき》に戦《いくさ》に突入《とつにゅう》するわけか」

俺《おれ》は動《うご》き始《はじ》めた両陣営《りょうじんえい》を見《み》ていた。朝倉軍《あさくらぐん》は優勢《ゆうせい》に戦《たたか》いを進《すす》めているようだけど、各武将《かくぶしょう》に動《うご》きは任《まか》されているようだ。

臨機応変《りんきおうへん》、といえば聞《き》こえはいい。

ただ、てんでバラバラに目《め》の前《まえ》の織田軍《おだぐん》と戦《たたか》おうとすれば、陣形《じんけい》が伸《の》びていってしまう。これでは各部隊《かくぶたい》が連携《れんけい》もできない。

そして今《いま》は優勢《ゆうせい》でも陣形《じんけい》が伸《の》びきったところで――。

突然《とつぜん》、想定外《そうていがい》の場所《ばしょ》から鬨《とき》の声《こえ》があがった。織田軍《おだぐん》の奇襲《きしゅう》だ！

96へ進む

88 先陣《せんじん》の名乗《なの》り

俺《おれ》は浅井長政殿《あざいながまさどの》の前《まえ》に進《すす》み出《で》ると大《おお》きな声《こえ》で言《い》った。

「私《わたし》に先陣《せんじん》をお任《まか》せください！」

たった一人《ひとり》で信長《のぶなが》の首《くび》を獲《と》ってくるのは無謀《むぼう》だ。いくらなんでも俺《おれ》だってそんなことが可能《かのう》だとは思《おも》っていない。だけど、浅井《あざい》・朝倉軍《あさくらぐん》の中《なか》で兵《へい》を率《ひき》いる立場《たちば》まで出世《しゅっせ》するには手柄《てがら》が必要《ひつよう》だ。足軽《あしがる》のまま終《お》わるわけにはいかないんだ。

実際《じっさい》、朝倉義景殿《あさくらよしかげどの》が「ん？」と、俺《おれ》に対《たい》して少《すこ》し興味《きょうみ》を向《む》けてきた。

だが、他《ほか》の武将《ぶしょう》たちは一斉《いっせい》に非難《ひなん》の声《こえ》をあげた。

「足軽《あしがる》ふぜいが先陣《せんじん》などと、大《おお》きな口《くち》を叩《たた》くな！」

戦《いくさ》での先陣《せんじん》は武士《ぶし》にとっては一番《いちばん》の名誉《めいよ》だ。それを足軽《あしがる》に渡《わた》したくないのはわかる。

だけど、さっきまで誰《だれ》も名乗《なの》りをあげなかったじゃないか。

89へ進む

89 捨《す》て石《いし》の覚悟《かくご》

「面白《おもしろ》い。良《い》いだろう。そこの足軽《あしがる》、立派《りっぱ》に先陣《せんじん》を務《つと》めてみせい！」

朝倉義景殿《あさくらよしかげどの》が俺《おれ》に対《たい》してこう言《い》ったのだ。総大将《そうだいしょう》が決《き》めた。なら、どんなに不満《ふまん》があっても家臣《かしん》である以上《いじょう》、武将《ぶしょう》たちは非難《ひなん》できない。

「存分《ぞんぶん》に手柄《てがら》を立《た》ててみせい！」

「……義景殿《よしかげどの》、よろしいのですか？」

「長政殿《ながまさどの》、ワシは少々《しょうしょう》この状況《じょうきょう》に飽《あ》きてきたのじゃ。なら、一石投《いっせきとう》じてみるのも悪《わる》くあるまい？　なあに失敗《しっぱい》したとしても、足軽《あしがる》という小石《こいし》がいくつか失《うしな》われるだけじゃ。たいしたことはない」

義景殿《よしかげどの》と長政殿《ながまさどの》が小声《こごえ》で話《はな》しているのが聞《き》こえた。俺《おれ》にたいして期待《きたい》していないのはわかっていた。だからこそ、ここで大《おお》きな手柄《てがら》を立《た》てて見返《みかえ》してやるんだ！

先陣《せんじん》は俺《おれ》に任《まか》された。さあ、どうやって織田軍《おだぐん》を攻《せ》める？

【姉川を迂回（うかい）して攻める】 90 へ進む
【姉川を渡（わた）って攻める】 94 へ進む

90

遭遇《そうぐう》、四天王《してんのう》

俺《おれ》は与《あた》えられたわずかな足軽《あしがる》を率《ひき》いて、姉川《あねがわ》を迂回《うかい》する作戦《さくせん》を採《と》った。

この数《かず》で正面《しょうめん》から姉川《あねがわ》を渡《わた》って織田軍《おだぐん》に攻《せ》め込《こ》んでも、返《かえ》り討《う》ちにあうだけだ。なら、奇襲《きしゅう》をかけるしかない。

俺《おれ》たちは姉川《あねがわ》の浅瀬《あさせ》を選《えら》んで迂回《うかい》すると、織田軍《おだぐん》の側面《そくめん》へと迫《せま》っていた。

だが――。

「おかしい。あの旗印《はたじるし》は徳川軍《とくがわぐん》だ。それがどうしてこんなところに……」

疑問《ぎもん》を口《くち》にした俺《おれ》に、味方《みかた》の誰《だれ》かがささやいた。

「ありゃあ、榊原康政《さかきばらやすまさ》の軍勢《ぐんぜい》だぁ」

その声《こえ》は震《ふる》えていた。榊原康政《さかきばらやすまさ》といえば徳川四天王《とくがわしてんのう》に数《かぞ》えられる名将《めいしょう》だ。震《ふる》えるのもわかる。

そしてその軍《ぐん》が陣《じん》を構《かま》えているのではなく、今《いま》まさに移動《いどう》している。

いったいどこに向《む》かって……？

91へ進む

91 進《すす》むべきか、退《ひ》くべきか

榊原康政《さかきばらやすまさ》率《ひき》いる軍勢《ぐんぜい》。それがこんなところを移動《いどう》しているということは、考《かんが》えは俺《おれ》と同《おな》じ。相手《あいて》の軍《ぐん》の側面《そくめん》を突《つ》こうとしているんだ。

榊原軍《さかきばらぐん》は徳川本隊《とくがわほんたい》ほどの数《かず》ではないにしても、俺《おれ》たちの足軽部隊《あしがるぶたい》よりははるかに多《おお》く、なにより榊原康政《さかきばらやすまさ》は知勇《ちゆう》に優《すぐ》れた武将《ぶしょう》として知《し》られている。農民《のうみん》ばかりの俺《おれ》たちが戦《たたか》っても勝《か》ち目《め》は薄《うす》い。

幸《さいわ》いまだ向《む》こうは俺《おれ》たちに気《き》づいていない。それならこのまま本陣《ほんじん》に戻《もど》って、朝倉義景殿《あさくらよしかげどの》にこの動《うご》きを報《しら》せるべきだろうか。

【朝倉の本陣に戻ろう】 83 へ進む

【榊原康政と勝負だ！】 92 へ進む

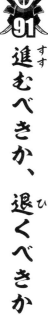

92 死《し》にたくねえ！

今《いま》から本陣《ほんじん》に戻《もど》っても、榊原康政《さかきばらやすまさ》の動《うご》きよりも先《さき》に朝倉義景殿《あさくらよしかげどの》に情報《じょうほう》を伝《つた》えられるだろうか。間《ま》に合《あ》わなければ俺《おれ》は先陣《せんじん》を任《まか》されながら、何《なん》の手柄《てがら》もあげられずにただ尻《しっ》尾《ぽ》を巻《ま》いて戻《もど》ってきただけになってしまう。

「ここは勝負《しょうぶ》に出《で》るべきだ。……よし、榊原康政《さかきばらやすまさ》の軍勢《ぐんぜい》に攻《せ》め込《こ》むぞ」

まだ俺《おれ》たちの存在《そんざい》は気《き》づかれていない。最初《さいしょ》の奇襲《きしゅう》で榊原軍《さかきばらぐん》を混乱《こんらん》させれば、勝負《しょうぶ》はわからない。混乱《こんらん》を知《し》れば浅井《あざい》・朝倉《あさくら》の援軍《えんぐん》が来《き》てくれるかもしれない。

俺《おれ》はそう考《かんが》えて、刀《かたな》を手《て》に動《うご》いた。

ただ、俺《おれ》の考《かんが》えは甘《あま》かった。俺以外《おれいがい》は全員《ぜんいん》が強制的《きょうせいてき》に戦《いくさ》に駆《か》り出《だ》された農民《のうみん》だ。手《て》柄《がら》を立《た》てるよりも無事《ぶじ》に家《いえ》に帰《かえ》りたい、という想《おも》いが強《つよ》い。

「おらたちは、こんなところで死《し》にたくねえ！」

気《き》づけば連《つ》れてきた足軽《あしがる》たちはバラバラになって逃《に》げ出《だ》していた。

93へ進む

93 遠《とお》い、遠《とお》すぎる……

震《ふる》え上《あ》がった足軽《あしがる》たちは次々《つぎつぎ》に俺《おれ》のもとから逃《に》げて行《い》った。当然《とうぜん》その混乱《こんらん》はすぐ近《ちか》くまで来《き》ていた榊原康政《さかきばらやすまさ》の軍勢《ぐんぜい》にも伝《つた》わる。あっという間《ま》に榊原軍《さかきばらぐん》の足軽《あしがる》や騎馬武者《きばむしゃ》に俺《おれ》は囲《かこ》まれてしまった。

「そこの足軽《あしがる》、このようなところで何《なに》をしている?」

ゆっくりと進《すす》み出《で》てきた武将《ぶしょう》がたぶん榊原康政《さかきばらやすまさ》だ。明《あき》らかに他《ほか》の武将《ぶしょう》とは威厳《いげん》が違《ちが》う。完全《かんぜん》に囲《かこ》まれたこの状況《じょうきょう》から逃《に》げるのは不可能《ふかのう》だ。それなら――

「榊原康政殿《さかきばらやすまさどの》とお見受《みう》けする! いざ、尋常《じんじょう》に勝負《しょうぶ》!」

俺《おれ》は榊原康政《さかきばらやすまさ》に向《む》かって斬《き》りかかっていった。

だけど、あまりにも遠《とお》かった。一太刀《ひとたち》を浴《あ》びせるどころか、近《ちか》づくこともできない。俺《おれ》の身体《からだ》はあっという間《ま》に、周《まわ》りを囲《かこ》んだ足軽《あしがる》たちの槍《やり》に貫《つらぬ》かれてしまったのだった……。

BAD END

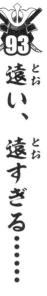

94 姉川《あねがわ》を渡《わた》れ！

俺《おれ》は足軽《あしがる》の一隊《いったい》を率《ひき》いて、姉川《あねがわ》を渡《わた》り始《はじ》めた。

対岸《たいがん》の織田軍《おだぐん》まで一気《いっき》に攻《せ》め込《こ》む。……そのつもりだったが、徒歩《とほ》での移動《いどう》は思《おも》いのほか、川《かわ》の流《なが》れに足《あし》を取《と》られてしまう。

そして、急《いそ》ごうとすればするほど、大《おお》きな水音《みずおと》を立《た》ててしまう。

すると、対岸《たいがん》で動《うご》きがあった。

俺《おれ》たちが川《かわ》を渡《わた》ろうとしているのが、水音《みずおと》で気《き》づかれてしまったのだ。

「……あれは鉄砲《てっぽう》⁉」

俺《おれ》が気《き》づくと同時《どうじ》に織田軍《おだぐん》の鉄砲隊《てっぽうたい》から轟音《ごうおん》が鳴《な》り響《ひび》いた。ひゅん、という音《おと》とともに弾《たま》が俺《おれ》の顔《かお》の横《よこ》を通《とお》り過《す》ぎていく。

戦国時代《せんごくじだい》に鉄砲《てっぽう》があることくらい知《し》っていた。だけど、その弾《たま》が実際《じっさい》に自分《じぶん》に向《む》けられると、知識《ちしき》なんか吹《ふ》っ飛《と》んでしまう。ただあるのは恐怖《きょうふ》だけだった。

95へ進む

95

鉄砲討《てっぽうう》ち死《じ》に

雨《あめ》あられのように飛《と》んでくる鉄砲《てっぽう》の弾《たま》。

俺《おれ》と一緒《いっしょ》に姉川《あねがわ》を渡《わた》ろうとした足軽《あしがる》たちが抵抗《ていこう》もできず、次々《つぎつぎ》に倒《たお》れてゆく。織田軍《おだぐん》の一方的《いっぽうてき》な攻撃《こうげき》だ。

俺《おれ》も早《はや》くこの場《ば》から逃《に》げないと、撃《う》ち殺《ころ》されてしまうだろう。

でも、足《あし》が動《うご》かないんだ。

これが恐怖《きょうふ》、というもの……。

そう実感《じっかん》した時《とき》、姉川《あねがわ》の真《ま》ん中《なか》で立《た》ちすくむ俺《おれ》の眉間《みけん》を弾《たま》が撃《う》ち抜《ぬ》いた。

手柄《てがら》を焦《あせ》ったばかりに、こんなところで名《な》もなき足軽《あしがる》として死《し》ぬことになるだなんて……。

BAD END

96 予期《よき》せぬ奇襲《きしゅう》

姉川《あねがわ》を挟《はさ》んで動《うご》かなかった浅井《あざい》・朝倉連合軍《あさくられんごうぐん》と織田《おだ》・徳川連合軍《とくがわれんごうぐん》。

その時《とき》、織田軍本隊《おだぐんほんたい》とは別《べつ》の場所《ばしょ》——それも朝倉軍《あさくらぐん》の側面《そくめん》から鬨《とき》の声《こえ》があがった。

「いつのまに側面《そくめん》に回《まわ》られたんだ⁉」

「あれは！　あの旗印《はたじるし》は徳川《とくがわ》、それも四天王《してんのう》の一人《ひとり》、榊原康政《さかきばらやすまさ》！」

そんな声《こえ》が朝倉軍《あさくらぐん》の中《なか》からあがる。

朝倉軍《あさくらぐん》は突然側面《とつぜんそくめん》を突《つ》かれ、混乱《こんらん》に陥《おちい》っていた。数《かず》では上《うえ》なのに、各部隊《かくぶたい》が離《はな》れすぎて連携《れんけい》が取《と》れないこともあって、榊原康政軍《さかきばらやすまさぐん》の勢《いきお》いを止《と》めることはできない。

織田軍《おだぐん》との決戦《けっせん》どころか、このままでは総崩《そうくず》れだ！

97へ進む

97 必死《ひっし》の反撃《はんげき》

勢《いきお》いを増《ま》す榊原康政軍《さかきばらやすまさぐん》の突撃《とつげき》によって、崩《くず》れてゆく朝倉軍《あさくらぐん》の陣形《じんけい》。

なんとかしなければ！　俺《おれ》の元《もと》にあるのはわずかな足軽《あしがる》のみ。それでも何《なに》もしなければ敗北《はいぼく》は決定的《けっていてき》になってしまう。それなら俺《おれ》のやるべきことは一《ひと》つだ。

俺《おれ》は自分《じぶん》の足軽隊《あしがるたい》、そして混乱《こんらん》でバラバラになった他《ほか》の隊《たい》をまとめると、榊原軍《さかきばらぐん》へと向《む》かった。こんなときに作戦《さくせん》なんて何《なに》もない。突撃《とつげき》あるのみだ。

「んぬっ！　まだ、統率《とうそつ》の取《と》れている部隊《ぶたい》が残《のこ》っていたか⁉　予想《よそう》よりも立《た》て直《なお》すのが早《はや》かったなっ！」

馬上《ばじょう》にいた榊原康政《さかきばらやすまさ》の顔色《かおいろ》が変《か》わった。榊原《さかきばら》の軍勢《ぐんぜい》にはまだ勢《いきお》いがあったが、予想《よそう》外《がい》の反撃《はんげき》で戦《いくさ》の流《なが》れが変《か》わった、と感《かん》じたのだろう。

「退《ひ》け、退《ひ》けっ！　朝倉義景《あさくらよしかげ》の首《くび》はお預《あず》けだっ！」

そう康政《やすまさ》が叫《さけ》ぶと、榊原《さかきばら》の軍勢《ぐんぜい》は潮《しお》が引《ひ》くかのように戦場《せんじょう》を駆《か》け抜《ぬ》けていった。

98へ進む

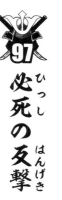

98 名将《めいしょう》たちの壁《かべ》

俺《おれ》たちの反撃《はんげき》で勢《いきお》いが止《と》められた、と判断《はんだん》した榊原康政《さかきばらやすまさ》は深入《ふかい》りすることをせずに、あっという間《ま》に戦場《せんじょう》を後《あと》にした。見事《みごと》な退《ひ》き方《かた》だった。

もしかしたら織田《おだ》・徳川軍本隊《とくがわぐんほんたい》との戦《たたか》い以上《いじょう》に、榊原康政《さかきばらやすまさ》の側面攻撃《そくめんこうげき》で浅井《あざい》・朝倉《あさくら》軍《ぐん》が負《お》ったダメージは大《おお》きいかもしれない。

「榊原康政《さかきばらやすまさ》、か……徳川四天王《とくがわしてんのう》ということは、あんなすごい武将《ぶしょう》があと三人《さんにん》。いや、織田軍《おだぐん》も名将《めいしょう》、猛将《もうしょう》がそろってるんだよな……」

俺《おれ》の頭《あたま》の中《なか》で教科書《きょうかしょ》や小説《しょうせつ》で読《よ》んだ、名将《めいしょう》たちの名前《なまえ》が浮《う》かぶ。それが俺《おれ》の前《まえ》に立《た》ち塞《ふさ》がるんだ。

「信長《のぶなが》を討《う》つためにはあの武将《ぶしょう》たちと戦《たたか》わなければならないわけか……」

父《ちち》の仇《かたき》を討《う》つ、というのはとてつもなく大変《たいへん》なことなのだと、俺《おれ》は改《あらた》めて思《おも》い知《し》らされていた。

99へ進む

99 朝倉義景殿《あさくらよしかげどの》からの呼《よ》び出《だ》し

元亀元年《げんきがんねん》（一五七〇）。姉川《あねがわ》の戦《たたか》いは最初《さいしょ》こそ浅井《あざい》・朝倉連合軍《あさくられんごうぐん》が優勢《ゆうせい》に戦《たたか》いを進《すす》めたものの、徳川軍《とくがわぐん》、特《とく》に榊原康政《さかきばらやすまさ》に側面《そくめん》を突《つ》かれたことで一転《いってん》、大打撃《だいだげき》を受《う》け、浅井《あざい》・朝倉軍《あさくらぐん》の敗北《はいぼく》となった。姉川《あねがわ》は兵《へい》たちの血《ち》で真《ま》っ赤《か》に染《そ》まったという。

負《ま》け戦《いくさ》でぐったりしているところ、俺《おれ》は朝倉義景殿《あさくらよしかげどの》に呼《よ》び出《だ》されていた。

「俺《おれ》がどうして……？」

きょとんとしている俺《おれ》に対《たい》して、使者《ししゃ》は告《つ》げた。

義景殿《よしかげどの》は今回《こんかい》の戦《いくさ》で俺《おれ》の働《はたら》きを認《みと》め、改《あらた》めて会《あ》いたいのだという。

俺《おれ》の働《はたら》きを認《みと》めてくれた、ということは次《つぎ》の戦《いくさ》ではもっと兵《へい》を与《あた》えてくれるんだろうか。今回《こんかい》のように少数《しょうすう》の足軽《あしがる》だけでは信長《のぶなが》に迫《せま》るどころか、戦場《せんじょう》で生《い》き残《のこ》るだけで精一《せいいっ》杯《ぱい》なんだ。

100へ進む

100 義景殿《よしかげどの》からの評価《ひょうか》

俺《おれ》が呼《よ》び出《だ》された本陣《ほんじん》には朝倉義景殿《あさくらよしかげどの》と浅井長政殿《あざいながまさどの》がいた。

「そなたはどこぞの家中《かちゅう》の者《もの》ではないのか、と浅井殿《あざいどの》は言《い》うておったが、確《たし》かに今回《こんかい》の働《はたら》きは見事《みごと》！　おかげで我《わ》が軍《ぐん》は命拾《いのちびろ》いしたぞ」

義景殿《よしかげどの》の言葉《ことば》に俺《おれ》は顔《かお》をあげた。

「私《わたし》は実《じつ》を申《もう》せばかつての美濃国《みののくに》の主《あるじ》、斎藤家《さいとうけ》の分家筋《ぶんけすじ》にあたる者《もの》。父《ちち》の仇《かたき》である信長《のぶなが》を討《う》つため、朝倉殿《あさくらどの》の軍《ぐん》に馳《は》せ参《さん》じた次第《しだい》です」

俺《おれ》がそう告《つ》げると、義景殿《よしかげどの》は大《おお》きくうなずいた。

「なるほど、斎藤家《さいとうけ》の者《もの》であったか！　ならばこの働《はたら》きも納得《なっとく》！　実《じつ》はワシもそなたのことをただの足軽《あしがる》とは違《ちが》うと、以前《いぜん》から思《おも》うていたのじゃ！」

戦《いくさ》の前《まえ》はそんなこと言《い》ってなかったのに……まあ、いいか。これで足軽《あしがる》かられっきとした武将《ぶしょう》に対《たい》する評価《ひょうか》に変《か》わるだろう。

101へ進む

101 不思議《ふしぎ》な姫《ひめ》

越前国《えちぜんのくに》へと戻《もど》ると、俺《おれ》は姉川《あねがわ》の戦《たたか》いでの働《はたら》きによって、朝倉《あさくら》義景殿《よしかげどの》に武将《ぶしょう》として迎《むか》えられた。朝倉家《あさくらけ》の家臣《かしん》ではないけれど、立派《りっぱ》に武将《ぶしょう》として認《みと》められた、というわけだ。といっても次《つぎ》の戦《いくさ》はまだ先《さき》だろう。

なんとなく手持《ても》ち無沙汰《ぶさた》の俺《おれ》だったけど、さっきから視線《しせん》を感《かん》じていた。

振《ふ》り返《かえ》るとまだ幼《おさな》さを残《のこ》す姫《ひめ》がいた。どこの姫《ひめ》だろう。

「ふーん……あなたが噂《うわさ》の。ふふっ、姉川《あねがわ》の勇者《ゆうしゃ》の顔《かお》が一目見《ひとめみ》てみたくて、屋敷《やしき》を抜《ぬ》け出《だ》してきたのよ?」

「どこの姫《ひめ》かは知《し》りませんが、一人《ひとり》で抜《ぬ》け出《だ》すのはあまり感心《かんしん》しませんね」

「あなたも乳母《※うば》みたいなことを言《い》うのね。つまらない。……あっ、そんなことを言《い》っていたら乳母《うば》に見《み》つかってしまったわ!」

姫《ひめ》は逃《に》げ出《だ》そうとしたところを乳母《うば》に捕《つか》まり、そのまま連《つ》れていかれてしまった。なんだったんだ、あの姫《ひめ》は……。

102へ進む

※乳母：母親に代わって子を育て、教育する女性。

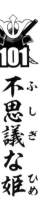

102 信長《のぶなが》の背後《はいご》を突《つ》け！

姉川《あねがわ》の戦《たたか》いでの敗北《はいぼく》から、次《つぎ》の戦《いくさ》はまだ先《さき》だと思《おも》っていた。それくらい姉川《あねがわ》の戦《たたか》いでの朝倉軍《あさくらぐん》のダメージは大《おお》きかった。

ところが何ヶ月《なんかげつ》もたたないうちに、畿内《きない》で※三好一族《みよしいちぞく》が織田信長《おだのぶなが》に対抗《たいこう》して兵《へい》を挙《あ》げたことを知《し》った朝倉義景殿《あさくらよしかげどの》が、兵《へい》を出《だ》すと言《い》い出《だ》したんだ。

「信長《のぶなが》めは三好《みよし》を討《う》つために兵《へい》を出《だ》すであろう。その時《とき》、我《わ》が朝倉軍《あさくらぐん》が背後《はいご》を突《つ》くのじゃ！　今度《こんど》こそ勝《か》てる！　勝《か》てるぞー！」

そんなにうまくいくだろうか。でも、総大将《そうだいしょう》がそう決《き》めた以上《いじょう》は仕方《しかた》がない。新参《しんざん》の俺《おれ》が余計《よけい》なことを言《い》っても義景殿《よしかげどの》を不機嫌《ふきげん》にさせてしまうだけだ。それなら、俺《おれ》はどうやったら勝《か》てるのか、黙《だま》って考《かんが》えるしかない。

103へ進む

※三好一族：戦国時代に畿内で力をもっていた一族。

103 志賀《しが》の陣《じん》

浅井《あざい》・朝倉連合軍《あさくられんごうぐん》は織田軍《おだぐん》の拠点《きょてん》である、近江国《おうみのくに》の宇佐山城《うさやまじょう》に襲《おそ》いかかった。

延暦寺《えんりゃくじ》からの援軍《えんぐん》も加《くわ》わって一気《いっき》に攻《せ》め落《お》とす……つもりだったのが、森可成《もりよしなり》ら織《お》田《だ》の武将《ぶしょう》たちはやはり強《つよ》かった。可成《よしなり》や信長《のぶなが》の弟《おとうと》、織田信治《おだのぶはる》たちを討《う》ち取《と》ることはできたものの、城《しろ》は持《も》ちこたえていた。

ならば、と浅井《あざい》・朝倉連合軍《あさくられんごうぐん》は城《しろ》を落《お》とすのをあきらめて、京《きょう》へと兵《へい》を進《すす》めたのだけど……。

「おのれ、三好《みよし》め、もう少《すこ》し信長《のぶなが》めを摂津《せっつ》に釘付《くぎづ》けにしておけば良《よ》いものを！　頼《たよ》りない奴《やつ》らじゃ」

京《きょう》を奪《うば》われると考《かんが》えた信長《のぶなが》の動《うご》きは速《はや》かった。それに対《たい》して、浅井《あざい》・朝倉連合軍《あさくられんごうぐん》は比叡山《ひえいざん》に籠《こ》もって迎《むか》え撃《う》とうということになった。ただ、織田軍《おだぐん》にも力《ちから》ずくで攻《せ》め落《お》とすほどの余裕《よゆう》もなく時間《じかん》だけが過《す》ぎていった。

そんな時《とき》、※将軍足利義昭様《しょうぐんあしかがよしあきさま》から一通《いっつう》の書状《しょじょう》が届《とど》いたんだ。

104へ進む

※将軍足利義昭：戦国時代の後半まで、影響力は非常に弱まっていたものの、室町幕府が存続している。

104 和睦《わぼく》の書状《しょじょう》

「義昭様《よしあきさま》はワシらに信長《のぶなが》と和睦《わぼく》せよ、とのことだ」

朝倉義景殿《あさくらよしかげどの》の言葉《ことば》に、軍議《ぐんぎ》に集《あつ》まった武将《ぶしょう》たちは驚《おどろ》きの声《こえ》をあげた。

織田軍《おだぐん》に包囲《ほうい》されながらも、ここまでは優勢《ゆうせい》に戦《たたか》いを進《すす》めてきた。延暦寺《えんりゃくじ》の支援《しえん》もあって、俺《おれ》たちはまだまだ戦《たたか》える。なのに……和睦《わぼく》。つまりいったん兵《へい》を退《ひ》け、ということだ。

「どうせこんな書状《しょじょう》、信長《のぶなが》の奴《やつ》めが義昭様《よしあきさま》に書《か》かせたのだろうよ」

義景殿《よしかげどの》も苦々《にがにが》しそうだ。信長《のぶなが》によって将軍《しょうぐん》につけてもらった恩《おん》のある足利義《あしかがよし》昭《あき》は、表向《おもてむ》きは信長《のぶなが》に反抗《はんこう》できない。それを信長《のぶなが》はうまく利用《りよう》している。

将軍様《しょうぐんさま》の意向《いこう》に背《そむ》いて、浅井《あざい》・朝倉連合軍《あさくられんごうぐん》はこのまま信長《のぶなが》と戦《たたか》い続《つづ》けるべきだろうか。それともおとなしく和睦《わぼく》すべきか……？

【和睦（わぼく）すべき】110へ進む

【このまま戦うべき！】105へ進む

105 ここで退《ひ》けない

「義景殿《よしかげどの》！」

軍議《ぐんぎ》の場《ば》で俺《おれ》は思《おも》わず声《こえ》をあげていた。「この新参者《しんざんもの》が出《で》しゃばりおって！」とでも言《い》いたげな武将《ぶしょう》たちの目《め》が俺《おれ》に注《そそ》がれる。

「まあ良《よ》い。斎藤龍高《さいとうたつたか》であったか、意見《いけん》があるならば言《い》うてみい」

「ここで和睦《わぼく》など結《むす》んで兵《へい》を退《ひ》いたら、残《のこ》された比叡山延暦寺《ひえいざんえんりゃくじ》が危《あぶ》なくなります。ここはあくまでも信長《のぶなが》と戦《たたか》うべきなのです！」

軍議《ぐんぎ》の場《ば》がざわつく。信長《のぶなが》も強大《きょうだい》な力《ちから》を持《も》つ延暦寺《えんりゃくじ》と戦《たたか》って、仏敵《ぶってき》にはなりたくないだろう。そんなこともわからんのか、と武将《ぶしょう》たちの失笑《しっしょう》が聞《き》こえる。

義景殿《よしかげどの》が軽《かる》く手《て》をあげて、それ以上続《いじょうつづ》けるな、と俺《おれ》の発言《はつげん》を止《と》めた。

「ワシもよう考《かんが》えたのだが、このまま冬《ふゆ》になれば雪《ゆき》に閉《と》ざされ、越前《えちぜん》に戻《もど》れなくなってしまう。いっそ仕切《しき》り直《なお》しもありかもしれん」

織田軍《おだぐん》による包囲《ほうい》が長引《ながび》くにつれ義景殿《よしかげどの》も和睦《わぼく》に傾《かたむ》き始《はじ》めていた。

106へ進む

106 思《おも》い出《だ》す言葉《ことば》

軍議《ぐんぎ》は終《お》わった。信長《のぶなが》との和睦《わぼく》を拒否《きょひ》して、引《ひ》き続《つづ》き戦《たたか》う、という俺《おれ》の進言《しんげん》は義景《よしかげ》殿《どの》とその武将《ぶしょう》たちには受《う》け入《い》れてもらえなかった。浅井《あざい》・朝倉《あさくら》を支援《しえん》してきた比叡山《ひえいざん》延暦寺《えんりゃくじ》を信長《のぶなが》は簡単《かんたん》には許《ゆる》さないはずだ。もし俺《おれ》たちが兵《へい》を退《ひ》いたら、それこそ信長《のぶなが》の思《おも》うつぼじゃないか。

落《お》ち込《こ》む俺《おれ》に浅井長政殿《あざいながまさどの》が声《こえ》をかけてきた。

「そう落《お》ち込《こ》まないことだ。だが……どうして信長《のぶなが》が延暦寺《えんりゃくじ》を攻《せ》めると思《おも》うんだ？まるで何《なに》か確信《かくしん》しているような言《い》い方《かた》だったが？」

日本《にほん》の歴史《れきし》にはそう記《しる》されている、なんて言《い》っても信《しん》じてもらえないだろうな。俺《おれ》の知《し》っている歴史《れきし》とは少《すこ》しずつ違《ちが》ってきているから、延暦寺《えんりゃくじ》の焼《や》き討《う》ちも起《お》こらない可《か》能性《のうせい》もある。でも、俺《おれ》は思《おも》いだしたんだ。明智光秀殿《あけちみつひでどの》が以前《いぜん》言《い》っていた、「信長《のぶなが》は人《ひと》ではないのかもしれない」という言葉《ことば》を。人《ひと》ではない存在《そんざい》なら、ささいな歴史《れきし》の修正《しゅうせい》なんかには影響《えいきょう》を受《う》けない気《き》がするんだ。

107へ進む

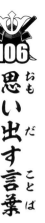

107 訪《おとず》れた平穏《へいおん》

足利義昭様《あしかがよしあきさま》の仲介《ちゅうかい》によって浅井《あざい》・朝倉連合軍《あさくられんごうぐん》と織田軍《おだぐん》との和睦《わぼく》は成立《せいりつ》。冬《ふゆ》が近《ちか》づく中《なか》、浅井《あざい》・朝倉連合軍《あさくられんごうぐん》は足早《あしばや》に比叡山《ひえいざん》を後《あと》にした。

和睦《わぼく》が成立《せいりつ》した後《あと》、信長《のぶなが》は大《おお》きな動《うご》きを見《み》せなかった。

越前《えちぜん》に戻《もど》り、久《ひさ》しぶりに訪《おとず》れた平穏《へいおん》の中《なか》で「やはりこの和睦《わぼく》は正《ただ》しかったのじゃないか」と、俺《おれ》も考《かんが》え始《はじ》めていた。

108へ進む

108 退屈《たいくつ》な日々《ひび》

元亀《げんき》二年《ねん》（一五七二）。信長《のぶなが》との和睦《わぼく》から一年《いちねん》がたっていた。

大《おお》きな戦《いくさ》はあれからない。俺《おれ》は越前《えちぜん》から出《で》ることもなく、戦国時代《せんごくじだい》とは思《おも》えない退屈《たいくつ》な日々《ひび》を送《おく》っていた。

「つまらなそうね！」

また、あの名《な》も知《し》らない姫《ひめ》だ。ここのところ頻繁《ひんぱん》にのぞきに来《く》るんだ。

「どうして毎日毎日《まいにちまいにち》、俺《おれ》の様子《ようす》を見《み》に来《く》るんですか？」

「毎日《まいにち》じゃないわよ？」

ああ言《い》えばこう言《い》う。口《くち》ではこの子《こ》にかなわない。

「ふふっ、斎藤龍高《さいとうたつたか》といえば姉川《あねがわ》の戦《たたか》いでの勇士《ゆうし》。なのに戦《いくさ》がぜんぜんなくてつまらないんじゃないかと思《おも》ってね、こうして見《み》に来《く》てるの」

【そんなに戦が好きそうに見えますか？】109へ進む

【つまらないですね】111へ進む

109 笑《わら》う姫《ひめ》

「そんなに戦《いくさ》が好《す》きそうに見《み》えますか？」

ムッとしているのが顔《かお》に出《で》ていたんだろう。俺《おれ》の顔《かお》を指《ゆび》さして、姫《ひめ》はころころと面白《おもしろ》がって笑《わら》った。

「人《ひと》の顔《かお》を指《ゆび》さすものじゃありません」

他《ほか》の誰《だれ》かにされたのなら「バカにするな！」と、もっと怒《おこ》っただろう。

だけどこの姫《ひめ》のことは不快《ふかい》には思《おも》わないのだから不思議《ふしぎ》だ。もしかして俺《おれ》は毎日《まいにち》のように会《あ》っているうちに、この姫《ひめ》のことが少《すこ》し気《き》に入《い》ってしまったのかもしれない。

112へ進む

110 冬《ふゆ》が来《く》る前《まえ》に……

本当《ほんとう》なら和睦《わぼく》なんかしないで、織田軍《おだぐん》と戦《たたか》いたい。だけど、これは将軍足利義昭様《しょうぐんあしかがよしあきさま》の仲介《ちゅうかい》。悔《くや》しいけど、従《したが》わないわけにいかないじゃないか。

「ここは義昭様《よしあきさま》の仲介《ちゅうかい》で、和睦《わぼく》すべきだと思《おも》います」

俺《おれ》は軍議《ぐんぎ》の場《ば》でそう発言《はつげん》した。新参者《しんざんもの》が口《くち》を出《だ》すな、という空気《くうき》になるかと思《おも》ったのに、他《ほか》の武将《ぶしょう》たちも同意《どうい》するようにうなずいていた。

「ふむ……そうじゃな。冬《ふゆ》も近《ちか》い。雪《ゆき》でも降《ふ》ろうものなら、*一乗谷《いちじょうだに》に戻《もど》れなくなってしまうやもしれぬし……うん、悔《くや》しい。ワシは悔《くや》しいぞ」

義景殿《よしかげどの》は悔《くや》しがってみせる。

でも、俺《おれ》はわかっていた。口《くち》では悔《くや》しがっても、織田軍《おだぐん》の包囲《ほうい》が長引《ながび》く中《なか》で、義景殿《よしかげどの》の本音《ほんね》はそろそろ越前《えちぜん》に戻《もど》りたくなっていたんだ。

107 へ進む

※一乗谷：朝倉氏が大名となった頃からの本拠地。

111 早《はや》く戦《たたか》いたいんです

「つまらないですね」

「あら、図星《ずぼし》だったの？」

俺《おれ》があまりに素直《すなお》に答《こた》えたものだから、姫《ひめ》はきょとんとしていた。

「俺《おれ》は織田信長《おだのぶなが》と早《はや》く戦《たたか》いたいんです。父《ちち》の仇《かたき》を討《う》つため、それだけのために生《い》きてきたんですから」

「ふーん、つまんない」

「つまんないとはなんですか！　私《わたし》は武士《ぶし》なんです。当然《とうぜん》でしょう」

「殿方《とのがた》はみんなそう。頭《あたま》の中《なか》にあるのは戦《いくさ》のことばかり。だからつまんないって言《い》ってるの」

そう言《い》い放《はな》つと、ぷいっとそっぽを向《む》いてしまった。

「なんなんですか、その態度《たいど》はっ！」

「いーだっ！」

112へ進む

112 比叡山炎上《ひえいざんえんじょう》

「斎藤殿《さいとうどの》！　斎藤龍高殿《さいとうたつたかどの》！」

俺《おれ》が姫《ひめ》と話《はな》していると、血相《けっそう》を変《か》えた使者《ししゃ》が走《はし》ってきた。

「比叡山《ひえいざん》が！　比叡山延暦寺《ひえいざんえんりゃくじ》が信長《のぶなが》の焼《や》き討《う》ちにあって……」

元亀二年《げんきにねん》（一五七一）。織田信長《おだのぶなが》は敵対《てきたい》する比叡山《ひえいざん》を包囲《ほうい》した上《うえ》で火《ひ》をかけ、僧侶女《そうりょおんな》子供《こども》まで含《ふく》めて、たくさんの人《ひと》を殺《ころ》した。俺《おれ》がかつて身《み》を隠《かく》し、修行《しゅぎょう》をした西教寺《さいきょうじ》もまた焼《や》け落《お》ちた、という。

「爺《じい》！」と、俺《おれ》は寺《てら》に残《のこ》してきた堀池《ほりいけ》の爺《じい》のことを思《おも》って、声《こえ》をあげていた。

ただ、今《いま》は俺《おれ》の個人的《こじんてき》な想《おも》いよりも朝倉《あさくら》のことが優先《ゆうせん》だった。朝倉義景殿《あさくらよしかげどの》と武将《ぶしょう》たちは今後《こんご》のことについて話《はな》し合《あ》いを持《も》つことになった。それなのに……。

「由緒《ゆいしょ》ある延暦寺《えんりゃくじ》に火《ひ》をかけるとは信長《のぶなが》という男《おとこ》、神仏《しんぶつ》を恐《おそ》れぬのか……」

義景殿《よしかげどの》をはじめとして、朝倉《あさくら》の武将《ぶしょう》はそう恐《おそ》れおののくだけで、話《はなし》はいっこうに進《すす》まなかった。こんな悠長《ゆうちょう》なことをしている場合《ばあい》じゃないのに！

113へ進む

113 畿内《きない》を固《かた》める信長《のぶなが》

延暦寺《えんりゃくじ》を焼《や》き討《う》ちにした後《のち》の元亀四年《げんきよねん》（一五七三）、織田信長《おだのぶなが》は畿内《きない》での影響力《えいきょうりょく》をさらに強《つよ》めていた。

ただ、東《ひがし》には甲斐国《かいのくに》の武田《たけだ》、西《にし》には安芸国《あきのくに》の毛利《もうり》、なによりいつでも京《きょう》に上《のぼ》れる位《い》置《ち》に浅井《あざい》・朝倉《あさくら》がいる。信長《のぶなが》も安心《あんしん》はできないはずだ。

「信長《のぶなが》のことだ。近《ちか》いうちにもっとも邪魔《じゃま》な浅井《あざい》・朝倉《あさくら》を討《う》ちに来《く》るだろうな」

その時《とき》、浅井《あざい》・朝倉連合軍《あさくられんごうぐん》は、そして俺《おれ》はどう戦《たたか》うべきだろうか。過去《かこ》の戦《いくさ》で織田《おだ》、徳川《とくがわ》の武将《ぶしょう》の強《つよ》さは身《み》に染《し》みてわかっている。

俺《おれ》たちは勝《か》てるだろうか？

114へ進む

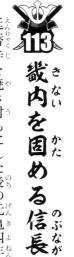

114 信長《のぶなが》、北近江《きたおうみ》へ

天正元年《てんしょうがんねん》（一五七三）。織田信長《おだのぶなが》は三万《さんまん》もの軍《ぐん》を率《ひき》いて、北近江《きたおうみ》に攻《せ》め入《い》った。

浅井長政殿《あざいながまさどの》は本拠《ほんきょ》、小谷城《おだにじょう》に籠城《ろうじょう》。越前国一乗谷《えちぜんのくにいちじょうだに》では長政殿《ながまさどの》に援軍《えんぐん》を出《だ》すかどうか、軍議《ぐんぎ》が開《ひら》かれていた。

「信長《のぶなが》は延暦寺《えんりゃくじ》までも焼《や》いたのだぞ！　あの容赦《ようしゃ》のなさは、もはや人《ひと》ではない。鬼《おに》の類《たぐい》じゃ！」

「では、長政殿《ながまさどの》を見捨《みす》てると言《い》われるのか⁉　臆病者《おくびょうもの》めが！」

それぞれが意見《いけん》をぶつけ合《あ》うだけで、なかなかまとまらない。

織田軍《おだぐん》との度重《たびかさ》なる戦《たたか》いで、朝倉家《あさくらけ》は兵《へい》を確保《かくほ》するのが難《むずか》しくなっていたんだ。相手《あいて》は織田軍《おだぐん》だ。慎重《しんちょう》になる意見《いけん》も理解《りかい》できる。

軍議《ぐんぎ》の様子《ようす》を黙《だま》って聞《き》いていた朝倉義景殿《あさくらよしかげどの》が口《くち》を開《ひら》いた。

「龍高《たつたか》、そなたはどう思《おも》うのか？」

【和睦（わぼく）を持ちかけましょう】115へ進む

【援軍（えんぐん）を出すべきです！】117へ進む

115 凍《こお》りつく空気《くうき》

「信長《のぶなが》はすでに畿内《きない》をほぼ押《お》さえました。兵力《へいりょく》も圧倒的《あっとうてき》。ここはまだ朝倉家《あさくらけ》に力《ちから》が残《のこ》っているうちに和睦《わぼく》を持《も》ちかけましょう」

「つまり、そなたは戦《たたか》えば朝倉《あさくら》が負《ま》ける。そう言《い》いたいのじゃな？」

朝倉義景殿《あさくらよしかげどの》の目《め》がぎょろりと俺《おれ》をにらみつけた。

軍議《ぐんぎ》の場《ば》の空気《くうき》が凍《こお》りつく。義景殿《よしかげどの》の機嫌《きげん》を損《そこ》ねた時《とき》の空気《くうき》だ。

「負《ま》ける、とは言《い》っておりません。ただ……」

「そなたほど勇《いさ》ましい武将《ぶしょう》なら、率先《そっせん》して長政殿《ながまさどの》を救《すく》いに行《い》く、と申《もう》すとワシは期待《きたい》していたのじゃがな……」

突然《とつぜん》、義景殿《よしかげどの》が大声《おおごえ》を出《だ》した。

「それなのに龍高《たつたか》、貴様《きさま》はワシに長政殿《ながまさどの》を見捨《みす》てるような卑怯者《ひきょうもの》になれ、そう申《もう》すのじゃな⁉」

116へ進む

116

怒《いか》りを買《か》ってしまった……

「そ、そのようなことは言《い》っておりません！　ただ、力《ちから》をたくわえるまでは戦《いくさ》を避《さ》けた方《ほう》が……」

義景殿《よしかげどの》の怒《いか》りを買《か》ったのがわかった俺《おれ》は、あわてて言《い》い訳《わけ》をする。だけど、もう聞《き》く耳《みみ》を持《も》っていないのがわかり、口《くち》をつぐんだ。

「姉川《あねがわ》での戦《たたか》い以降《いこう》、そなたには目《め》をかけてきたつもりであった。じゃが、その期待《きたい》を裏切《うらぎ》られてしまうとは……もう顔《かお》も見《み》たくはない。すぐに当家《とうけ》より立《た》ち去《さ》るがよい！」

義景殿《よしかげどの》の怒《いか》りを買《か》った俺《おれ》は、朝倉家《あさくらけ》に居《い》づらくなり、追《お》い出《だ》されるように越前《えちぜん》を離《はな》れた。居場所《いばしょ》をなくし、父《ちち》の仇《かたき》を討《う》つ手段《しゅだん》もなくしてしまった。

「この先《さき》、俺《おれ》はどうしたらいいんだろう……」

こうして俺《おれ》はあてもなく旅《たび》を続《つづ》けるしかなくなっていた……。

NORMAL END

117 恩義《おんぎ》があるんだ

「小谷城《おだにじょう》に援軍《えんぐん》を出《だ》すべきです」

俺《おれ》は静《しず》かにそう言《い》った。小谷城《おだにじょう》に援軍《えんぐん》を出《だ》すことに慎重《しんちょう》な武将《ぶしょう》が多《おお》い中《なか》で、まだまだ新参者《しんざんもの》の俺《おれ》がこんな発言《はつげん》をするのは勇気《ゆうき》がいった。

十分《じゅうぶん》に兵《へい》が回復《かいふく》していない朝倉軍《あさくらぐん》が、強力《きょうりょく》な織田軍《おだぐん》を相手《あいて》に戦《たたか》うのは簡単《かんたん》じゃない。でも、俺《おれ》が朝倉《あさくら》に迎《むか》えられたきっかけは、浅井長政殿《あざいながまさどの》が気《き》にかけてくれたからだ。その恩《おん》は返《かえ》したい。

「よくぞ申《もう》した！　ワシも軍《ぐん》を出《だ》すべきだと思《おも》うておったが、いや、さすが龍高《たつたか》は勇者《ゆうしゃ》よ。信長《のぶなが》を恐《おそ》れて臆病風《おくびょうかぜ》に吹《ふ》かれた者《もの》たちは恥《はじ》を知《し》れい！」

朝倉義景殿《あさくらよしかげどの》のこのひと言《こと》で、援軍《えんぐん》を出《だ》す流《なが》れは決《き》まった。

義景殿《よしかげどの》に率《ひき》いられた朝倉軍《あさくらぐん》は小谷城《おだにじょう》の長政殿《ながまさどの》を助《たす》けるため、北近江《きたおうみ》へと出発《しゅっぱつ》した。

もちろんその軍《ぐん》の中《なか》には俺《おれ》の姿《すがた》もあった。

118 へ進む

118 お市《いち》の覚悟《かくご》

天正元年《てんしょうがんねん》（一五七三）。朝倉軍《あさくらぐん》は北近江《きたおうみ》へと入《はい》ると、浅井長政殿《あざいながまさどの》が籠城《ろうじょう》する小谷城《おだにじょう》の周囲《しゅうい》に砦《とりで》を築《きず》いて、織田軍《おだぐん》の攻撃《こうげき》に備《そな》えていた。

俺《おれ》は朝倉義景殿《あさくらよしかげどの》の使者《ししゃ》として小谷城《おだにじょう》に入《はい》り、長政殿《ながまさどの》と再会《さいかい》を果《は》たしていた。

「よく来《き》てくれた、龍高《たつたか》」

自《みずか》ら迎《むか》えてくれた長政殿《ながまさどの》の背後《はいご》に、美《うつく》しい女性《じょせい》がいた。これが恐《おそ》らく信長《のぶなが》の妹《いもうと》であり長政殿《ながまさどの》の妻《つま》、お市《いち》の方《かた》だ。兄信長《あにのぶなが》と戦《たたか》うのに迷《まよ》いはないんだろうか。

「よう援軍《えんぐん》に来《き》てくれました、斎藤龍高殿《さいとうたつたかどの》。これで兄《あに》……いいえ、織田信長《おだのぶなが》と存分《ぞんぶん》に戦《たたか》うことができましょう」

きっぱりと言《い》い切《き》るお市《いち》の方《かた》の口《くち》ぶりに、いまさら兄《あに》との関係修復《かんけいしゅうふく》は無理《むり》だと覚悟《かくご》しているのが感《かん》じられた。ただ、俺《おれ》には心配《しんぱい》なことは他《ほか》にもあったんだ。

【将軍から和睦（わぼく）を命じられたら……】119へ進む

【兵力は足りるんだろうか】121へ進む

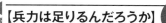

119 甲斐《かい》の虎《とら》

「ただ、心配《しんぱい》なことがあります。もし将軍《しょうぐん》、足利義昭様《あしかがよしあきさま》から信長《のぶなが》との和睦《わぼく》を命《めい》じられたら……」

俺《おれ》の言葉《ことば》に長政殿《ながまさどの》も渋《しぶ》い顔《かお》をした。朝倉家中《あさくらかちゅう》で出兵《しゅっぺい》に慎重《しんちょう》な武将《ぶしょう》たちを説得《せっとく》して、なんとか軍《ぐん》を出《だ》せたんだ。ここでなんの成果《せいか》もなく、退《しりぞ》くことになれば朝倉義景殿《あさくらよしかげどの》に対《たい》する家臣《かしん》たちの忠誠心《ちゅうせいしん》も揺《ゆ》らぐかもしれない。

「龍高《たつたか》の心配《しんぱい》もわかる。だが、将軍義昭様《しょうぐんよしあきさま》は近頃《ちかごろ》、信長《のぶなが》と不仲《ふなか》だと聞《き》く。また我《われ》らの他《ほか》に反信長勢力《はんのぶながせいりょく》に兵《へい》をあげるよう書状《しょじょう》も出《だ》している。その中《なか》には甲斐《かい》の武田信玄《たけだしんげん》もいると聞《き》くし、今度《こんど》こそ、和睦《わぼく》など言《い》い出《だ》さないと信《しん》じたいな」

戦国最強《せんごくさいきょう》の騎馬軍団《きばぐんだん》を持《も》つ武田《たけだ》が動《うご》く。それはいい報《しら》せだ。

ただ、その武田軍《たけだぐん》はいつ到着《とうちゃく》するのか……。なんとか間《ま》に合《あ》ってくれ！　俺《おれ》は心《こころ》の中《なか》で祈《いの》った。

120へ進む

120 武田軍《たけだぐん》はまだか

天正元年《てんしょうがんねん》（一五七三）の夏《なつ》、織田軍約三万《おだぐんやくさんまん》と浅井《あざい》・朝倉連合軍《あさくられんごうぐん》は約二万《やくにまん》の軍勢《ぐんぜい》で向《む》かい合《あ》っていた。砦《とりで》や小城《こじろ》をめぐる戦《たたか》いはあっても、天候《てんこう》の悪《わる》さから本格的《ほんかくてき》な衝突《しょうとつ》は起《お》きていない。

「ええい、武田《たけだ》は！　信玄《しんげん》めはまだ着《つ》かぬのか！」

イラ立《だ》った朝倉義景殿《あさくらよしかげどの》が本陣《ほんじん》で大声《おおごえ》をあげる。朝倉《あさくら》の武将《ぶしょう》たちの士気《しき》は高《たか》いとは言《い》えない。無理《むり》をして出陣《しゅつじん》したのに成果《せいか》をあげられなければ、家臣《かしん》たちの心《こころ》は自分《じぶん》から離《はな》れていくと義景殿自身《よしかげどのじしん》も感《かん》じているのだろう。必要《ひつよう》なのは勝利《しょうり》だ。そのカギを握《にぎ》っているのは、戦国最強《せんごくさいきょう》の武田軍《たけだぐん》の上洛《じょうらく》が間《ま》に合《あ》うかどうかなんだ。

こちらが動《うご》かないのを承知《しょうち》で、織田軍《おだぐん》はしきりに鬨《とき》の声《こえ》をあげ、旗印《はたじるし》で挑発《ちょうはつ》していた。こんなに近《ちか》くに父《ちち》の仇《かたき》、信長《のぶなが》がいる上《うえ》に、今《いま》の俺《おれ》は朝倉軍《あさくらぐん》でそれなりの数《かず》の兵《へい》を動《うご》かすことができる。これでも待《ま》つべきなのか……？

【黙（だま）って打って出よう！】122へ進む

【武田軍の到着（とうちゃく）を待とう】125へ進む

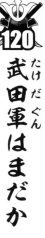

121 まだ戦《たたか》う力《ちから》はあるのか⁉

「兵力《へいりょく》は足《た》りるんでしょうか？」

織田軍《おだぐん》との戦《たたか》いが続《つづ》き、浅井《あざい》・朝倉両家《あさくらりょうけ》は多《おお》くの兵《へい》を失《うしな》っていた。だから今回《こんかい》は援《えん》軍《ぐん》を出《だ》すべきじゃない、という意見《いけん》が朝倉家《あさくらけ》の中《なか》にもあり、義景殿《よしかげどの》の意思《いし》に反《はん》して、最《さい》小限《しょうげん》の兵《へい》しか出《だ》していない者《もの》もいる。

俺《おれ》の問《と》いに浅井長政殿《あざいながまさどの》はうなずいた。

「たしかに被害《ひがい》は少《すく》なくはないな。ただ、幸《さいわ》いなことにまだ織田《おだ》と戦《たたか》えるだけの戦力《せんりょく》は確保《かくほ》している。龍高《たつたか》、そなたが戦《いくさ》で奮闘《ふんとう》してくれたのも大《おお》きい」

長政殿《ながまさどの》はそう俺《おれ》のことを評価《ひょうか》してくれた。

俺《おれ》の知《し》っている歴史《れきし》では浅井《あざい》・朝倉両家《あさくらりょうけ》は信長《のぶなが》によって立《た》て続《つづ》けに滅《ほろ》ぼされた。

でも、戦力《せんりょく》が確保《かくほ》できているなら、その歴史《れきし》を大《おお》きく変《か》えることもできるのか⁉

今回《こんかい》の戦《たたか》いはそのターニングポイントになるかもしれない。

120へ進む

122

勝負《しょうぶ》に出《で》るしかない!

俺《おれ》は朝倉義景殿《あさくらよしかげどの》の許可《きょか》なしで、率《ひき》いる部隊《ぶたい》の出陣準備《しゅつじんじゅんび》を始《はじ》めた。

義景殿《よしかげどの》の側近《そっきん》の武将《ぶしょう》たちは、余計《よけい》な損害《そんがい》を負《お》いたくない、と思《おも》っている。そのため義景殿《よしかげどの》も武田軍《たけだぐん》の到着《とうちゃく》まで軍《ぐん》を動《うご》かさないつもりだ。

ただ、俺《おれ》の知《し》っている歴史《れきし》だと、武田信玄《たけだしんげん》は京《きょう》にのぼる途中《とちゅう》、病《やまい》に倒《たお》れ、武田軍《たけだぐん》は甲斐国《かいのくに》に戻《もど》ることになるんだ。そうなると武田《たけだ》の援軍《えんぐん》は来《こ》ない。もちろん今《いま》の歴史《れきし》は変化《へんか》していて、武田軍《たけだぐん》が間《ま》に合《あ》う可能性《かのうせい》もある。

「でも、俺《おれ》はどっちに転《ころ》ぶか、運任《うんまか》せにして待《ま》っていたくないんだ。運命《うんめい》は自分《じぶん》の手《て》で切《き》り開《ひら》く!」

俺《おれ》の勝手《かって》で動《うご》かすのは全軍《ぜんぐん》からみればほんのわずかの兵《へい》だ。もし失《うしな》われても、浅井《あざい》・朝倉連合軍《あさくられんごうぐん》にとってはたいして影響《えいきょう》はないはずだ。

「……よし、出陣《しゅつじん》だ!」

俺《おれ》は勢《いきお》いよく馬《うま》を走《はし》らせた。

123へ進む

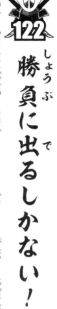

123 目指《めざ》せ、信長《のぶなが》

俺《おれ》の率《ひき》いる部隊《ぶたい》は、小谷城《おだにじょう》を囲《かこ》んだまま動《うご》かない織田軍《おだぐん》へと突進《とっしん》した。

目指《めざ》す先《さき》には永楽銭《えいらくせん》の旗印《はたじるし》がある。信長《のぶなが》が天下《てんか》を狙《ねら》うようになった時期《じき》から、これまでの織田桔梗《おだききょう》に代《か》わって使《つか》い始《はじ》めた旗印《はたじるし》だ。

「皆《みな》、あの旗印《はたじるし》を目指《めざ》せ！　あそこに信長《のぶなが》がいるぞ！」

その時《とき》、四方八方《しほうはっぽう》から鉄砲《てっぽう》の音《おと》が響《ひび》いた。次々《つぎつぎ》に兵《へい》たちが倒《たお》れていく。

「まさか……伏兵《ふくへい》⁉」

鉄砲隊《てっぽうたい》の後《あと》に立派《りっぱ》な兜《かぶと》の小男《こおとこ》がいた。恐《おそ》らくは大将《たいしょう》だ。

「我《われ》は羽柴秀吉《はしばひでよし》！　罠《わな》にかかったのは大将《たいしょう》とは思《おも》えん小者《こもの》だったが、まあええ。それ、押《お》し包《つつ》んで討《う》ち取《と》れ！」

あの小男《こおとこ》が羽柴秀吉《はしばひでよし》、後《のち》の豊臣秀吉《とよとみひでよし》だって⁉

つまり信長《のぶなが》の旗印《はたじるし》で挑発《ちょうはつ》してきたのは、俺《おれ》たちをおびき出《だ》すため……それにまんまと引《ひ》っかかったのか。

124へ進む

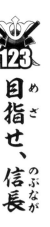

124

完敗《かんぱい》

羽柴秀吉《はしばひでよし》。織田信長《おだのぶなが》の武将《ぶしょう》であり、信長亡《のぶながな》き後《あと》に天下《てんか》を統一《とういつ》したことは、俺《おれ》が説明《せつめい》するまでもなく誰《だれ》もが知《し》っているだろう。猛将《もうしょう》、勇将《ゆうしょう》の多《おお》い織田軍内《おだぐんない》にあって知略《ちりゃく》を得意《とくい》とする……つまり、俺《おれ》はその秀吉《ひでよし》の知略《ちりゃく》に引《ひ》っかかったわけだ。

周囲《しゅうい》を囲《かこ》まれて逃《に》げ場《ば》のない中《なか》、俺《おれ》の率《ひき》いた兵《へい》たちは鉄砲《てっぽう》を撃《う》ちかけられて、数《かず》を減《へ》らしていく。

俺《おれ》の焦《あせ》りがこの結果《けっか》を招《まね》いてしまった。最期《さいご》に秀吉《ひでよし》にせめて一太刀《ひとたち》、と思《おも》っても斬《き》り合《あ》いに応《おう》じるわけもない。安全《あんぜん》な距離《きょり》を取《と》った上《うえ》で、ひたすら鉄砲《てっぽう》を撃《う》ちかけてくる。

……俺《おれ》の完敗《かんぱい》だ。

と、無謀《むぼう》な出陣《しゅつじん》を後悔《こうかい》した瞬間《しゅんかん》、俺《おれ》はいくつもの弾《たま》を身体《からだ》に浴《あ》びて、息絶《いきた》えた。

BAD END

125 待《ま》つしかないんだ

朝倉義景殿《あさくらよしかげどの》と側近《そっきん》の武将《ぶしょう》たちは武田軍《たけだぐん》の到着《とうちゃく》を待《ま》つつもりだ。なら、どんなに織田軍《おだぐん》に挑発《ちょうはつ》されようと、俺《おれ》もその判断《はんだん》に従《したが》うだけだ。

俺《おれ》は義景殿《よしかげどの》に直接仕《ちょくせつつか》えているわけではない。その判断力《はんだんりょく》に疑問《ぎもん》を持《も》つこともある。それでも父《ちち》の仇《かたき》を討《う》つ手段《しゅだん》を探《さが》していた俺《おれ》を迎《むか》え入《い》れ、兵《へい》を与《あた》えてくれた。その恩《おん》があるんだ。

「武田軍《たけだぐん》は……きっと来《く》る」

俺《おれ》は祈《いの》るようにそう唱《とな》えた。

歴史《れきし》が変《か》わり、武田軍《たけだぐん》が到着《とうちゃく》すればこの戦《いくさ》は確実《かくじつ》に浅井《あざい》・朝倉連合軍《あさくられんごうぐん》の大勝利《だいしょうり》で終《お》わるだろう。ならば待《ま》つ。待《ま》つしかないんだ。

126へ進む

126 山《やま》が動《うご》く

時間《じかん》だけが過《す》ぎ去《さ》り、すでに秋《あき》。次第《しだい》に兵《へい》たちの間《あいだ》にも疲《つか》れとイラ立《だ》ちが広《ひろ》まっていった。

そんなある日《ひ》の軍議《ぐんぎ》の場《ば》。

「信玄《しんげん》め、山《やま》がようやく動《うご》きおったか……遅《おそ》いわ」

朝倉義景殿《あさくらよしかげどの》はそう言《い》って届《とど》いたばかりの書状《しょじょう》を、不機嫌《ふきげん》そうに放《ほう》り出《だ》した。

書状《しょじょう》によれば甲斐国《かいのくに》を発《た》った武田軍《たけだぐん》は遠江国《とおとうみのくに》（現在《げんざい》の静岡県《しずおかけん》）の三方ヶ原《みかたがはら》の戦《たたか》いで織田《おだ》・徳川連合軍《とくがわれんごうぐん》を破《やぶ》り、破竹《はちく》の勢《いきお》いで移動《いどう》しているという。

これは信玄《しんげん》が病《やまい》に倒《たお》れることなく、武田軍《たけだぐん》が京《きょう》にたどり着《つ》く可能性《かのうせい》が高《たか》まったということだ！

武将《ぶしょう》たちもこれで織田軍《おだぐん》を浅井《あざい》・朝倉連合軍《あさくられんごうぐん》と武田軍《たけだぐん》で挟《はさ》み撃《う》ちにできる、と沸《わ》き立《た》っていた。なのに義景殿《よしかげどの》だけは浮《う》かない顔《かお》をして席《せき》を立《た》った。

127 へ進む

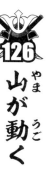

127 驚《おどろ》きの選択《せんたく》

気《き》がかりになった俺《おれ》は、席《せき》を立《た》った義景殿《よしかげどの》の後《あと》を追《お》った。

「なんじゃ、龍高《たつたか》か。ワシは兵《へい》を越前《えちぜん》に引《ひ》き上《あ》げるぞ」

俺《おれ》は耳《みみ》を疑《うたが》った。武田軍《たけだぐん》がもうすぐ到着《とうちゃく》する。そうすれば兵《へい》の数《かず》で上回《うわまわ》る上《うえ》に、挟《はさ》み撃《う》ちにできる。勝利《しょうり》は目《め》の前《まえ》だというのに越前《えちぜん》に帰《かえ》るだって⁉

「ふん、信玄《しんげん》めが悪《わる》いのじゃ。もっと早《はや》く兵《へい》を動《うご》かせば良《よ》いものを」

「し、しかし、十分《じゅうぶん》に早《はや》いと思《おも》います」

「いくら武田《たけだ》の進軍《しんぐん》が早《はや》かろうと、越前《えちぜん》の冬《ふゆ》が来《く》るほうが早《はや》いわ。その時《とき》、今《いま》の疲《つか》れた兵《へい》を連《つ》れて、雪山《ゆきやま》を越《こ》えられると思《おも》うか？」

冬《ふゆ》の越前国《えちぜんのくに》を行《い》き来《き》するのには常《つね》に雪《ゆき》の問題《もんだい》がある。でも、織田信長《おだのぶなが》を討《う》つ、そして歴史《れきし》を大《おお》きく変《か》えるチャンスなのに本当《ほんとう》に兵《へい》を退《ひ》くというのか⁉

「龍高《たつたか》、そなたはワシについてきてくれるな？」

【義景殿を説得（せっとく）する】128へ進む

【義景殿に従（したが）う】155へ進む

128 気迫《きはく》の説得《せっとく》

軍議《ぐんぎ》の場《ば》を後《あと》にした朝倉義景殿《あさくらよしかげどの》を俺《おれ》は追《お》った。

越前《えちぜん》の冬《ふゆ》の訪《おとず》れは早《はや》い。雪《ゆき》が降《ふ》れば疲《つか》れ切《き》った兵《へい》を率《ひき》いて、越前《えちぜん》に戻《もど》るのは大変《たいへん》だろう。中《なか》には途中《とちゅう》で力尽《ちからつ》きる兵《へい》もいるかもしれない。

「それでも、武田《たけだ》が動《うご》いた今《いま》を逃《のが》せば、織田軍《おだぐん》を……織田信長《おだのぶなが》を討《う》つことはできないんです！」

俺《おれ》は義景殿《よしかげどの》に叱《しか》られる覚悟《かくご》で訴《うった》えた。

「ふんっ、雪解《ゆきど》けの後《あと》ではいかんのか？　春《はる》になったら改《あらた》めて……」

「駄目《だめ》なんです！　我々《われわれ》に次《つぎ》はないんです！」

俺《おれ》は思《おも》わず大《おお》きな声《こえ》を出《だ》していた。歴史《れきし》を考《かんが》えると、武田信玄《たけだしんげん》がいつ病《やまい》に倒《たお》れるかわからない。信長《のぶなが》に勝《か》つためには「今《いま》」しかないんだ。

「……良《よ》かろう。そなたの望《のぞ》みどおり、冬《ふゆ》が来《く》るぎりぎりまで留《とど》まろう」

俺《おれ》の気迫《きはく》が通《つう》じたのか、義景殿《よしかげどの》は軍《ぐん》を退《ひ》くのを留《とど》まってくれた。

129へ進む

129 緩《ゆる》んでゆく気《き》

相変《あいか》わらず織田軍《おだぐん》に大《おお》きな動《うご》きはない。それでも砦《とりで》のいくつかを落《お》とし、朝《あさ》倉軍《くらぐん》がこれ以上留《いじょうとど》まれない状況《じょうきょう》に追《お》い込《こ》んできていた。

なんとか間《ま》に合《あ》ってくれ。俺《おれ》は祈《いの》りながら、武田軍《たけだぐん》の到着《とうちゃく》を待《ま》っていた。

その時《とき》、織田《おだ》・徳川連合軍《とくがわれんごうぐん》に動《うご》きがあった。静《しず》かに美濃《みの》へと引《ひ》き始《はじ》めたんだ。

三方ヶ原《みかたがはら》の戦《たたか》いで徳川軍《とくがわぐん》を破《やぶ》った武田軍《たけだぐん》は、さらに恐《おそ》ろしいほどの速度《そくど》で三《み》河《かわ》へと攻《せ》め入《い》っていた。そうなると次《つぎ》は本拠地岐阜城《ほんきょちぎふじょう》のある美濃《みの》が危《あぶ》ない。信《のぶ》長《なが》としては退《しりぞ》くしかないはずだ。

「龍高《たつたか》、ワシらはここでどう出《で》るべきじゃ？」

朝倉義景殿《あさくらよしかげどの》が重臣《じゅうしん》たちを差《さ》し置《お》いて、俺《おれ》に尋《たず》ねた。義景殿《よしかげどの》は俺《おれ》に対《たい》して、さらに信頼《しんらい》を寄《よ》せてくれているようだ。退《しりぞ》く織田軍《おだぐん》を追撃《ついげき》して、武田軍《たけだぐん》と挟《はさ》み撃《う》ちにすべきか。でもこちらの兵《へい》の疲《つか》れも溜《た》まっている……。

「俺《おれ》が義景殿《よしかげどの》にちゃんと忠告《ちゅうこく》すべきか……」

【今こそ追撃（ついげき）を！】130へ進む

【いったん兵を退（ひ）きましょう】132へ進む

130 織田軍《おだぐん》を追《お》え

長《なが》く続《つづ》く戦《いくさ》で兵《へい》たちには疲《つか》れが溜《た》まっている。それでもこのチャンスを逃《のが》すべきじゃないと、俺《おれ》は考《かんが》えていた。

「織田軍《おだぐん》に決定的《けっていてき》な打撃《だげき》を与《あた》えるなら、今《いま》です。追撃《ついげき》のご命令《めいれい》を！」

俺《おれ》の言葉《ことば》に朝倉義景殿《あさくらよしかげどの》は満足《まんぞく》そうにうなずく。

「小谷城《おだにじょう》の長政殿《ながまさどの》にも使者《ししゃ》を。さあ、ここまで耐《た》えに耐《た》えてきたのじゃ。今度《こんど》こそ信《のぶ》長《なが》めに目《め》に物見《ものみ》せてやろうぞ！」

陣内《じんない》が沸《わ》き立《た》つ。この様子《ようす》なら勝《か》てるかもしれない、と思《おも》わせるだけの熱気《ねっき》だ。

俺《おれ》は義景殿《よしかげどの》の前《まえ》に進《すす》み出《で》ると言《い》った。

「こたびの戦《いくさ》、私《わたし》に先陣《せんじん》をお命《めい》じください！」

義景殿《よしかげどの》は再《ふたた》び大《おお》きくうなずいた。

131へ進む

131 手強《てごわ》い敵《てき》

織田《おだ》・徳川連合軍《とくがわれんごうぐん》は整然《せいぜん》と美濃《みの》へと戻《もど》ってゆく。

「しんがりを務《つと》める織田《おだ》の武将《ぶしょう》、なかなかやる……」

大軍《たいぐん》が撤退《てったい》する時《とき》、負《ま》け戦《いくさ》であればあるほど敵《てき》の攻撃《こうげき》を防《ふせ》ぐ、しんがりの役目《やくめ》が大《たい》切《せつ》だ。もし防《ふせ》ぎきれなければ全軍《ぜんぐん》が崩《くず》れ去《さ》って大敗《たいはい》……最悪《さいあく》そのまま全滅《ぜんめつ》だってありえる。今回《こんかい》の戦《いくさ》、退《しりぞ》きながらも織田軍《おだぐん》はまったく乱《みだ》れる様子《ようす》もなく、浅井《あざい》・朝倉連合軍《あさくられんごうぐん》が攻撃《こうげき》するすきを与《あた》えない。下手《へた》に攻撃《こうげき》したら、こちらの損害《そんがい》も大《おお》きくなるだろう。敵《てき》ながらさすがだ。

しんがりを務《つと》める武将《ぶしょう》の旗印《はたじるし》は……金《きん》の逆《さか》さ瓢箪《ひょうたん》が見《み》える。羽柴秀吉《はしばひでよし》だ。

金ケ崎《かながさき》の退《の》き口《ぐち》でもしんがりを務《つと》め、最小限《さいしょうげん》の被害《ひがい》で撤退《てったい》を成功《せいこう》させたのも秀吉《ひでよし》だったと聞《き》いている。信長《のぶなが》の信頼《しんらい》も厚《あつ》いんだろう。

「信長《のぶなが》の配下《はいか》に羽柴秀吉《はしばひでよし》あり、か。今回《こんかい》は浅井《あざい》・朝倉連合軍《あさくられんごうぐん》の勝利《しょうり》だとしても、あれだけの武将《ぶしょう》がいるんだ。まだまだ油断《ゆだん》はできないな」

133へ進む

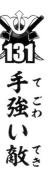

132 無理《むり》はできない

「いったん兵《へい》を退《ひ》きましょう」

そう言《い》った俺《おれ》に朝倉義景殿《あさくらよしかげどの》は驚《おどろ》いた顔《かお》をした。武田軍《たけだぐん》が到着《とうちゃく》するまで、この地《ち》に留《とど》まるべきだと説得《せっとく》したのは俺《おれ》だ。てっきり攻撃《こうげき》を進言《しんげん》するものだと思《おも》っていただろう。

ただ、俺《おれ》の想像以上《そうぞういじょう》に兵《へい》たちの疲労《ひろう》は溜《た》まっていた。相手《あいて》が織田軍《おだぐん》でなければ俺《おれ》も攻撃《こうげき》を主張《しゅちょう》したかもしれない。でも、織田軍《おだぐん》には柴田勝家《しばたかついえ》、前田利家《まえだとしいえ》、羽柴秀吉《はしばひでよし》など有力《ゆうりょく》な武将《ぶしょう》が星《ほし》の数《かず》ほどいるんだ。朝倉軍《あさくらぐん》の状況《じょうきょう》を見《み》れば、うかつな攻撃《こうげき》はできない。

「織田軍《おだぐん》が美濃《みの》に退《ひ》くのなら、ここはいったん私《わたし》たちも越前《えちぜん》で兵《へい》を休《やす》ませ、その上《うえ》で改《あらた》めて決戦《けっせん》をいたしましょう」

俺《おれ》の言葉《ことば》に武将《ぶしょう》たちもうなずく。やはり皆疲《みなつか》れているんだ。

そして義景殿《よしかげどの》も「致《いた》し方《かた》ない」と兵《へい》を退《ひ》くことに同意《どうい》した。

133へ進む

133 美濃《みの》侵入《しんにゅう》

天正元年《てんしょうがんねん》（一五七三）の冬《ふゆ》を前《まえ》に、織田軍《おだぐん》は北近江《きたおうみ》から本拠地《ほんきょち》、岐阜城《ぎふじょう》のある美濃国《みののくに》へと兵《へい》を退《ひ》いた。俺《おれ》を含《ふく》む朝倉軍《あさくらぐん》も雪《ゆき》に閉《と》ざされる前《まえ》に越前《えちぜん》に戻《もど》り、兵《へい》力《りょく》の回復《かいふく》に努《つと》めていた。美濃《みの》に侵入《しんにゅう》する動《うご》きを見《み》せていた武田軍《たけだぐん》も動《うご》きを止《と》め、いったんは静《しず》けさが戻《もど》った。

だけど、その静《しず》けさもほんのわずかな期間《きかん》だけだ。兵《へい》の疲《つか》れも回復《かいふく》した浅井《あざい》・朝倉連合軍《あさくられんごうぐん》は春《はる》になると美濃《みの》へと侵入《しんにゅう》。武田軍《たけだぐん》も再《ふたた》び動《うご》き始《はじ》める。

ただ、かつては稲葉山城《いなばやまじょう》と呼《よ》ばれた岐阜城《ぎふじょう》だ。俺《おれ》も幼《おさな》い頃《ころ》にその難攻不落《なんこうふらく》と呼《よ》ばれる城《しろ》を父《ちち》に連《つ》れられ、見《み》たことがある。岐阜城《ぎふじょう》と名《な》を変《か》えた今《いま》、信長《のぶなが》の手《て》によってさらに強力《きょうりょく》に改築《かいちく》されているはずだ。そこを力押《ちからお》しに攻《せ》めればかなりの損害《そんがい》を受《う》けてしまうだろうな……。さて、どうする？

【野戦（やせん）で決戦だ】134へ進む

【まずは支城（しじょう）や砦（とりで）を落とす】136へ進む

134 織田軍《おだぐん》を引《ひ》きずりだせ

稲葉山城《いなばやまじょう》……いや、実際《じっさい》に目《め》にした岐阜城《ぎふじょう》は想像以上《そうぞういじょう》に大《おお》きく、堅《かた》い守《まも》りを誇《ほこ》っていた。城攻《しろぜ》めには守《まも》る側《がわ》の三倍《さんばい》の兵《へい》が必要《ひつよう》だって、何《なに》かで読《よ》んだことがある。浅井《あざい》・朝倉連合軍《あさくられんごうぐん》、それにこちらに向《む》かっている武田軍《たけだぐん》を加《くわ》えてもやっとの数《かず》だ。

「織田軍《おだぐん》と数《かず》の上《うえ》では互角《ごかく》。ならば野戦《やせん》で決着《けっちゃく》をつけたいものですね」

「ワシもそう思《おも》うのじゃが、龍高《たつたか》よ、任《まか》せられるか？」

「引《ひ》きずり出《だ》せるか、試《ため》してみましょう」

軍議《ぐんぎ》の場《ば》で俺《おれ》は朝倉義景殿《あさくらよしかげどの》にそう告《つ》げると、率《ひき》いる部隊《ぶたい》を岐阜城《ぎふじょう》城下《じょうか》へと進《すす》めた。

以前《いぜん》の戦《たたか》いでは織田軍《おだぐん》がさんざんにこちらを挑発《ちょうはつ》してきた。ならば、今度《こんど》はやり返《かえ》す番《ばん》だ。そう思《おも》った俺《おれ》は昼夜問《ちゅうやと》わずに鬨《とき》の声《こえ》をあげさせたり、鉄砲《てっぽう》を撃《う》ちかけたりしてみた。

「うまく乗《の》ってきてくれればいいけど……」

135へ進む

135 誘《さそ》いに乗《の》ってこないだと!?

どんなに挑発《ちょうはつ》を繰《く》り返《かえ》しても、岐阜城《ぎふじょう》からは時々鉄砲《ときどきてっぽう》が撃《う》ち返《かえ》されるだけで、兵《へい》を城《しろ》の外《そと》に出《だ》そうとはしなかった。

「難攻不落《なんこうふらく》の岐阜城《ぎふじょう》をよほど信頼《しんらい》しているのか……いや、でも……」

俺《おれ》は美濃《みの》から落《お》ち延《の》びる時《とき》に落城《らくじょう》を経験《けいけん》している。だから、どんなに堅《かた》い城《しろ》でも城《しろ》の外《そと》からの援軍《えんぐん》がなければ長《なが》くは持《も》たないと知《し》っている。織田軍《おだぐん》への援軍《えんぐん》となれば徳川《とくがわ》軍《ぐん》だけど、途中《とちゅう》であの武田軍《たけだぐん》を打《う》ち破《やぶ》った上《うえ》で、美濃《みの》までたどり着《つ》けるものなのか……?

138へ進む

136 支城攻《しじょうぜ》め

「まずは美濃《みの》にある支城《しじょう》や砦《とりで》を落《お》としていきましょう」

「斎藤龍高殿《さいとうたつたかどの》の申《もう》すとおりであるな！」

俺《おれ》の提案《ていあん》に軍議《ぐんぎ》に集《あつ》まった武将《ぶしょう》たちはうなずく。無理《むり》な城攻《しろぜ》めで苦戦《くせん》している間《あいだ》に、支城《しじょう》から背後《はいご》を突《つ》かれるのが一番怖《いちばんこわ》いんだ。最悪《さいあく》、越前《えちぜん》との連絡《れんらく》を絶《た》たれたら……と思《おも》うと、まずは地道《じみち》に一《ひと》つ一《ひと》つ支城《しじょう》を潰《つぶ》していく方《ほう》がいい。

「ふむ、龍高《たつたか》の申《もう》すとおりじゃ。支城《しじょう》を落《お》として、岐阜城《ぎふじょう》を丸裸《まるはだか》にしてくれようぞ！はっはっは、信長《のぶなが》めに吠《ほ》え面《づら》かかせてくれるわっ！」

ここまでほとんど抵抗《ていこう》らしい抵抗《ていこう》もなく軍《ぐん》を進《すす》めてきただけに、朝倉義景殿《あさくらよしかげどの》の機嫌《きげん》もいい。側近《そっきん》の武将《ぶしょう》たちも盛《も》り上《あ》がっている。

ただ、俺《おれ》はそこまで楽観的《らっかんてき》にはなれなかった。抵抗《ていこう》がなかったということは、ほぼそのまま兵力《へいりょく》を温存《おんぞん》してある、ということなんだ。

137へ進む

137 尾張《おわり》の弱兵《じゃくへい》

岐阜城《ぎふじょう》を支《ささ》える支城《しじょう》や砦《とりで》はほとんど抵抗《ていこう》することなく、朝倉軍《あさくらぐん》の前《まえ》に呆気《あっけ》なく落《お》ちていった。

「のう、斎藤龍高殿《さいとうたつたかどの》。やはり織田《おだ》の兵《へい》は弱兵《じゃくへい》というのは噂《うわさ》どおりじゃな！」

俺《おれ》とともに支城攻《しじょうぜ》めにあたっていた武将《ぶしょう》たちからは、そんな声《こえ》も聞《き》こえた。

農民《のうみん》ではなく金《かね》で集《あつ》められた織田《おだ》の兵《へい》は、いつでも戦《いくさ》ができる代《か》わりに命《いのち》が惜《お》しくなるとすぐに逃《に》げ出《だ》してしまう、ということから尾張《おわり》の弱《じゃく》兵《へい》と言《い》われることも多《おお》い。

でも……それは本当《ほんとう》か？

少《すく》なくとも姉川《あねがわ》の戦《たたか》い以来《いらい》、俺《おれ》が戦《たたか》ってきた織田軍《おだぐん》がそんなに弱《よわ》いとは思《おも》えなかった。

138へ進む

138 良《よ》い策《さく》はないのか⁉

織田軍《おだぐん》の本隊《ほんたい》は岐阜城《ぎふじょう》に籠城《ろうじょう》したまま、打《う》って出《で》てくるそぶりはない。このまま城《しろ》を包囲《ほうい》したまま無駄《むだ》に時間《じかん》を費《つい》やしていいのか、軍議《ぐんぎ》が開《ひら》かれた。

「ええい、何《なに》か良《よ》い策《さく》はないのか⁉　ワシはもうこの状況《じょうきょう》に飽《あ》きてきたのじゃ」

朝倉義景殿《あさくらよしかげどの》は不機嫌《ふきげん》だ。気分屋《きぶんや》の義景殿《よしかげどの》のことだ。ここで気《き》に入《い》らない意見《いけん》でも言《い》おうものなら怒《いか》りを買《か》ってしまうだろう。

「そう言《い》われましても殿《との》、力攻《ちからぜ》めでは我《わ》が方《ほう》にも大《おお》きな損害《そんがい》……」

おずおずと口《くち》を出《だ》そうとした重臣《じゅうしん》に早速怒声《さっそくどせい》が飛《と》んだ。

「わかっておるわ！　……おお、そうじゃ。龍高《たつたか》は美濃《みの》の生《う》まれ、しかも斎藤《さいとう》の一族《いちぞく》であったの。そなたなら何《なに》か良《よ》い策《さく》があろう」

朝倉《あさくら》の重臣《じゅうしん》も多《おお》い軍議《ぐんぎ》で自分《じぶん》が口《くち》を出《だ》すのもおこがましい、と思《おも》いながらも、武将《ぶしょう》たちからは「お前《まえ》がなんとかしろ」という空気《くうき》を感《かん》じる。

「そういうことでしたら……」

139へ進む

139 岐阜城《ぎふじょう》の弱点《じゃくてん》

「たしかに岐阜城《ぎふじょう》の守《まも》りは堅《かた》く、落《お》とすのは簡単《かんたん》ではありません。ただ……弱点《じゃくてん》がないわけではありません」

俺《おれ》の言葉《ことば》に朝倉義景殿《あさくらよしかげどの》をはじめ、武将《ぶしょう》たちが興味《きょうみ》を示《しめ》す。

俺《おれ》が知《し》っているのはあくまでも稲葉山城《いなばやまじょう》だけど、あの城《しろ》は曲輪《くるわ》、つまり城《しろ》の区画《くかく》が小《ちい》さく、平坦《へいたん》な部分《ぶぶん》が少《すく》ないこともあって、水《みず》を溜《た》める場所《ばしょ》が限《かぎ》られる。

さらに岩盤《がんばん》が固《かた》くて井戸《いど》を掘《ほ》るのも難《むずか》しいらしいんだ。これは父《ちち》から以前《いぜん》聞《き》いた話《はなし》だ。

「つまり……本来《ほんらい》、長期《ちょうき》の籠城《ろうじょう》には向《む》かぬ城《しろ》だと申《もう》すのじゃな?」

もちろん籠城《ろうじょう》に備《そな》えて水《みず》や食料《しょくりょう》は溜《た》めてあるだろうけど、それだって限界《げんかい》がある。なのに籠城《ろうじょう》を続《つづ》ける理由《りゆう》は俺《おれ》にはわからない。

ただ、力攻《ちからぜ》めをしないのであれば、岐阜城《ぎふじょう》を落《お》とすための残《のこ》された手段《しゅだん》は——。

【兵糧攻め※(ひょうろうぜめ)にしましょう】142へ進む

【降伏(こうふく)を呼(よ)びかけましょう】140へ進む

※兵糧攻め：兵糧とは食べ物のこと。城に食べ物が運び込まれるのを妨害し、敵兵を消耗させる作戦。

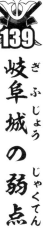

140 降伏勧告《こうふくかんこく》

「岐阜城《ぎふじょう》の織田軍《おだぐん》に降伏《こうふく》を呼《よ》びかけましょう」

軍議《ぐんぎ》で俺《おれ》は朝倉義景殿《あさくらよしかげどの》をはじめ、武将《ぶしょう》たちに提案《ていあん》した。

「あの悪鬼《あっき》、魔王《まおう》とまで言《い》われた信長《のぶなが》が降伏《こうふく》すると思《おも》うておるのか?」

義景殿《よしかげどの》は疑《うたが》うような目《め》で俺《おれ》を見《み》た。

自分《じぶん》でも織田軍《おだぐん》、特《とく》に信長《のぶなが》が降伏《こうふく》をするかどうか自信《じしん》はない。

だってあの織田信長《おだのぶなが》だぞ? 俺《おれ》の知識《ちしき》にある織田信長《おだのぶなが》という人《ひと》は有名《ゆうめい》な本能寺《ほんのうじ》の変《へん》では、燃《も》える本能寺《ほんのうじ》で最後《さいご》まで戦《たたか》い続《つづ》け、そして自害《じがい》した。

俺《おれ》の頭《あたま》の中《なか》には燃《も》え落《お》ちる岐阜城《ぎふじょう》に籠《こ》もったまま、最後《さいご》まで戦《たたか》い続《つづ》ける姿《すがた》しか想像《そうぞう》できない。そして……もしそうなった時《とき》、浅井《あざい》・朝倉連合軍《あさくられんごうぐん》にも大《おお》きな被害《ひがい》が出《で》るだろう。

だから甘《あま》いと思《おも》われても、ダメ元《もと》で提案《ていあん》してみたいんだ。

141へ進む

141 受《う》け入《い》れるか、どうか

岐阜城《ぎふじょう》が降伏《こうふく》するならそれに越《こ》したことはない、と朝倉軍《あさくらぐん》の誰《だれ》もが思《おも》っていた。余《よ》計《けい》な損害《そんがい》は誰《だれ》もが負《お》いたくないからだ。と同時《どうじ》に、信長《のぶなが》が降伏《こうふく》など受《う》け入《い》れるはずがないとも思《おも》っていた。

言《い》い出《だ》した以上《いじょう》、俺《おれ》が岐阜城《ぎふじょう》に降伏《こうふく》を呼《よ》びかける使者《ししゃ》となるしかない。

焼《や》け野原《のはら》となった岐阜城下《ぎふじょうか》を俺《おれ》は馬《うま》を進《すす》めた。城攻《しろぜ》めで城下《じょうか》の町《まち》が焼《や》かれるのは戦《せん》国時代《ごくじだい》では普通《ふつう》のことだ。そして、戦《いくさ》では関係《かんけい》のない民《たみ》が犠牲《ぎせい》になってしまうんだ。

「岐阜城《ぎふじょう》の織田信長殿《おだのぶながどの》にお伝《つた》え願《ねが》いたい！　もはや戦《いくさ》の勝敗《しょうはい》は見《み》えた！　潔《いさぎよ》く降伏《こうふく》を勧《すす》めに参《まい》ったと！」

城門前《じょうもんまえ》で呼《よ》びかける俺《おれ》に向《む》かって矢《や》が射《い》かけられた。つまり降伏拒否《こうふくきょひ》ということか。

（籠城《ろうじょう》なんか続《つづ》けても、命《いのち》を無駄《むだ》にするだけだというのに、なんで……）

143へ進む

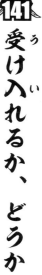

142 兵糧《ひょうろう》攻《ぜ》め

「兵糧《ひょうろう》攻《ぜ》めにしましょう。いくら籠城《ろうじょう》に備《そな》えて溜《た》め込《こ》んでいても食料《しょくりょう》や水《みず》には限界《げんかい》があります」

「ふむ、そなたが申《もう》すようにそれが安全《あんぜん》やもしれぬのう。……あまりに地味《じみ》で退屈《たいくつ》ではあるが、仕方《しかた》あるまい」

朝倉義景殿《あさくらよしかげどの》は大《おお》きな合戦《かっせん》ができないのがつまらなそうだけど、そんなことは言《い》っていられない。兵糧攻《ひょうろうぜ》めならば城《しろ》を包囲《ほうい》する浅井《あざい》・朝倉連合軍《あさくられんごうぐん》の損害《そんがい》はほとんどない。力《ちから》攻《ぜ》めよりはずっと良《よ》いはずだ。

ただ、それは浅井《あざい》・朝倉連合軍《あさくられんごうぐん》にとってであって、食料《しょくりょう》も水《みず》もなく飢《う》えていくのは織田軍《おだぐん》の兵《へい》にとっては地獄《じごく》の苦《くる》しみだろう。

俺《おれ》としては、できれば早《はや》いうちに開城《かいじょう》して欲《ほ》しいんだけど……。

143へ進む

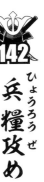

143 籠城《ろうじょう》を続《つづ》ける理由《りゆう》は……

岐阜城《ぎふじょう》を包囲《ほうい》して一ケ月《いっかげつ》が過《す》ぎようとしていた。

「織田軍《おだぐん》もなかなかにしぶといようじゃな」

朝倉義景殿《あさくらよしかげどの》は越前《えちぜん》から歌人《かじん》や茶人《ちゃじん》を本陣《ほんじん》に招《まね》いて、日々《ひび》を過《す》ごしている。もともと義《よし》景殿《かげどの》は戦《いくさ》よりも華道《かどう》や茶道《さどう》に興《きょう》じるのが好《す》きなんだ。

ここのところ雨《あめ》も降《ふ》らず、たくわえた水《みず》も尽《つ》きたのか、こちらから鉄砲《てっぽう》や矢《や》を撃《う》ちかけてもほとんど城内《じょうない》からの反応《はんのう》もない。城内《じょうない》の様子《ようす》は想像《そうぞう》したくもないけど、兵《へい》はもう戦《たたか》う気力《きりょく》もないのだろう。

なのに籠城《ろうじょう》を続《つづ》ける理由《りゆう》。

「いったい信長《のぶなが》は何《なに》を考《かんが》えているんだ……？」

144へ進む

144 援軍《えんぐん》来《き》たる

何度《なんど》も言《い》っているけど、籠城《ろうじょう》は外《そと》からの援軍《えんぐん》が期待《きたい》できる場合《ばあい》にしか勝《か》ち目《め》はない。

ただ籠《こ》もっているだけでは食料《しょくりょう》も尽《つ》き、いずれ城《しろ》は落《お》ちるからだ。

「やはり援軍《えんぐん》を期待《きたい》しているのか……？」

俺《おれ》は遠《とお》く三河国《みかわのくに》の方角《ほうがく》を見《み》る。だけど、武田軍《たけだぐん》が三河侵攻《みかわしんこう》の動《うご》きを見《み》せている以《い》上《じょう》、信長《のぶなが》の盟友《めいゆう》、徳川家康《とくがわいえやす》は防戦《ぼうせん》で動《うご》けないはずだ。一方《いっぽう》、畿内《きない》は今《いま》、将軍足利義昭《しょうぐんあしかがよしあき》様《さま》の他《ほか》、反織田《はんおだ》の勢力《せいりょく》が強《つよ》い。あえて織田軍《おだぐん》に援軍《えんぐん》を送《おく》ろうとする大名《だいみょう》はいないはずだ。

そんな時《とき》、伝令《でんれい》が到着《とうちゃく》した。

「徳川軍《とくがわぐん》がこちらに向《む》かっているだって？　まさか……！」

岐阜城《ぎふじょう》への援軍《えんぐん》といっても回《まわ》せる数《かず》はたいしたことはないだろう。

だけど、問題《もんだい》はその軍《ぐん》を率《ひき》いているのが徳川四天王《とくがわしてんのう》の井伊直政《いいなおまさ》と本多忠勝《ほんだただかつ》だということだ。誰《だれ》もが知《し》る猛将《もうしょう》の二人《ふたり》だ。これは油断《ゆだん》できない。

145へ進む

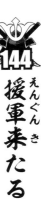

145 城攻《しろぜ》め始《はじ》まる

徳川軍《とくがわぐん》は必《かなら》ず来《く》る。そう信《しん》じての籠城《ろうじょう》だったんだ。

裏切《うらぎ》りや寝返《ねがえ》りが当《あ》たり前《まえ》の戦国時代《せんごくじだい》で、ここまで信頼《しんらい》できる盟友《めいゆう》を持《も》てる、というのは敵《てき》ながらすごいと、俺《おれ》は素直《すなお》に感《かん》じた。

――なんて言《い》っている場合《ばあい》じゃない。援軍《えんぐん》が来《く》るよりも早《はや》く、岐阜城《ぎふじょう》を落《お》とさなければ城《しろ》を包囲《ほうい》する浅井《あざい》・朝倉連合軍《あさくられんごうぐん》は、徳川軍《とくがわぐん》に背後《はいご》を突《つ》かれてしまう。

「岐阜城《ぎふじょう》をなるべく早《はや》く落《お》とさねばならん。そういうわけじゃな？　して龍《たつ》高《たか》、そなたならどう攻《せ》める？」

城攻《しろぜ》めをするなら※大手《おおて》と搦《から》め手《て》、同時《どうじ》に攻《せ》め込《こ》む必要《ひつよう》がある。ただ、搦《から》め手《て》である水手口《みずてぐち》の場合《ばあい》、大《おお》きく迂回《うかい》し、岐阜城《ぎふじょう》の背後《はいご》に回《まわ》る必要《ひつよう》がある。これは土《と》地勘《ちかん》がないと難《むずか》しく、下手《へた》をすれば孤立《こりつ》してせん滅《めつ》される。

俺《おれ》はどちらを選《えら》ぶべきか……。

長政殿《ながまさどの》の気《き》づかいはありがたい。ありがたいけれど――。

【大手口（正面口）の先陣（せんじん）を務める】 146 へ進む

【水手口（裏口）の先陣（せんじん）を務める】 148 へ進む

※大手と搦め手：大手は城の正面口、搦め手は裏口のこと。

146 大手口《おおてぐち》はお任《まか》せあれ

「私《わたし》は大手口《おおてぐち》の先陣《せんじん》を務《つと》めさせていただきます」

大手口攻《おおてぐちぜ》めは朝倉軍《あさくらぐん》の本隊《ほんたい》が務《つと》めることになる。その先陣《せんじん》となれば武将《ぶしょう》にとっては最大《さいだい》の名誉《めいよ》だ。

だけど、俺《おれ》が義景殿《よしかげどの》に申《もう》し出《で》た途端《とたん》、周囲《しゅうい》の武将《ぶしょう》たちからは冷《つめ》たい視線《しせん》が注《そそ》がれた。城攻《しろぜ》めの策《さく》を提案《ていあん》していながら、そして新参者《しんざんもの》のくせに危険《きけん》な水手口《みずてぐち》の先陣《せんじん》に名乗《なの》り出《で》なかったのが気《き》に食《く》わないのかもしれない。

でも、そんなことを気《き》にしていられるか。俺《おれ》はこれでも朝倉軍《あさくらぐん》のために尽《つ》くしてきたんだ。いい加減《かげん》、新参者扱《しんざんものあつか》いはごめんだ。

147へ進む

147 失《うしな》った信頼《しんらい》

ほら貝《がい》の音《おと》が響《ひび》き渡《わた》る。岐阜城《ぎふじょう》攻《ぜ》めが開始《かいし》されたんだ。俺《おれ》は朝倉軍本隊《あさくらぐんほんたい》の先陣《せんじん》として大手口《おおてぐち》へと突《つ》き進《すす》んだ。織田軍《おだぐん》は長《なが》い籠城戦《ろうじょうせん》で疲《つか》れ果《は》てているものの、徳川《とくがわ》の援軍《えんぐん》が来《く》るまで持《も》ちこたえてみせる、と激《はげ》しく抵抗《ていこう》してくる。乱戦《らんせん》の中《なか》、俺《おれ》はふと気《き》づいた。

俺《おれ》の率《ひき》いる部隊《ぶたい》の後《あと》に誰《だれ》もついてきていないんだ。

「どうしたんだ、これは……!?」

いつの間《ま》にか俺《おれ》の周囲《しゅうい》は織田兵《おだへい》ばかりになっていた。本隊《ほんたい》から完全《かんぜん》に孤立《こりつ》して、囲《かこ》まれてしまったんだ。どこかで声《こえ》が聞《き》こえる。

「新参《しんざん》のくせに調子《ちょうし》に乗《の》りやがって。孤立《こりつ》して勝手《かって》に死《し》ねばいいさ」

俺《おれ》はいつの間《ま》にか勘違《かんちが》いしていたのかもしれない。義景殿《よしかげどの》の信頼《しんらい》を得《え》ても、他《ほか》の武将《ぶしょう》たちからの信頼《しんらい》を失《うしな》った代償《だいしょう》がこれだ。

俺《おれ》を囲《かこ》んだ織田兵《おだへい》からは一斉《いっせい》に槍《やり》が突《つ》き出《だ》された。

BAD END

148 武士《ぶし》の誉《ほま》れ

「城攻《しろぜ》めを言《い》い出《だ》したのは私《わたし》です。ならば、水手口《みずてぐち》の先陣《せんじん》は私《わたし》が務《つと》めましょう」

俺《おれ》の言葉《ことば》に朝倉義景殿《あさくらよしかげどの》はおおいに喜《よろこ》んだ。誰《だれ》かが担当《たんとう》しなければならない危険《きけん》な場所《ばしょ》なら、少《すこ》しでも土地勘《とちかん》のある俺《おれ》がやるしかないだろう。

「さすが、龍高《たつたか》よ、あっぱれ！　皆《みな》の者《もの》、朝倉軍一《あさくらぐんいち》の勇将《ゆうしょう》が先陣《せんじん》を務《つと》めるのじゃ。この城攻《しろぜ》め、勝《か》ったも同然《どうぜん》ぞ！」

一斉《いっせい》に武将《ぶしょう》たちからも賛同《さんどう》する声《こえ》があがる。

あまりの誉《ほ》められように少《すこ》し照《て》れるけど、まずはこの激戦《げきせん》を生《い》きて、そして俺《おれ》は信長《のぶなが》を……討《う》つ！

149へ進む

149 伏兵《ふくへい》の気配《けはい》

険《けわ》しい道《みち》を行《い》き、ようやく岐阜城《ぎふじょう》の背後《はいご》へと回《まわ》り込《こ》む。ここまでは不思議《ふしぎ》と城中《じょうちゅう》からの抵抗《ていこう》は一切《いっさい》ない。

「籠城《ろうじょう》が長引《ながび》いて、もう抵抗《ていこう》する気力《きりょく》もないのか、それとも待《ま》ち構《かま》えているのか……ええい、考《かんが》えていても仕方《しかた》ない！　行《い》くぞっ！」

その時《とき》、大手口《おおてぐち》の方《ほう》で声《こえ》があがった。こちらも遅《おく》れを取《と》るわけにはいかない、と俺《おれ》は一気《いっき》に水手口《みずてぐち》を攻《せ》め上《あ》がった。

本丸《ほんまる》まではここが最短《さいたん》の道《みち》だ。だけど当然《とうぜん》、織田軍《おだぐん》もそんなことはわかっているはずだ。城自体《しろじたい》の作《つく》りも、攻《せ》め手《て》からは死角《しかく》になる場所《ばしょ》に敵兵《てきへい》が隠《かく》れられるようになっている。

【一気に駆（か）け抜ける】150へ進む
【鉄砲（てっぽう）を放つ】152へ進む

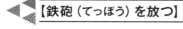

150 一気《いっき》に進《すす》めっ！

多《おお》くの城《しろ》には侵入者《しんにゅうしゃ》を阻《はば》むための入《い》り組《く》んだ道《みち》、そして死角《しかく》から矢《や》や鉄砲《てっぽう》で狙《ねら》うための小窓《こまど》である、狭間《さま》がある。当然《とうぜん》、この岐阜城《ぎふじょう》もだ。とても無傷《むきず》で進《すす》めそうにはないけれど……。

「考《かんが》えていても時間《じかん》の無駄《むだ》だ！　ここでもたもたしていて、大手口《おおてぐち》の攻《せ》め手《て》に遅《おく》れを取《と》るわけにいかない！」

そう思《おも》い切《き》ると、俺《おれ》は部隊《ぶたい》を率《ひき》いて、駆《か》け抜《ぬ》けようとした。

だが、その先《さき》には予想以上《よそういじょう》の数《かず》の伏兵《ふくへい》がいた。一斉《いっせい》に撃《う》ちかけられる矢《や》、鉄砲《てっぽう》の弾《たま》。俺《おれ》の周囲《しゅうい》で兵《へい》たちが次々《つぎつぎ》に倒《たお》れてゆく。

駄目《だめ》だ、これ以上前《いじょうまえ》に進《すす》めない！

151へ進む

151 大失態《だいしったい》の城攻《しろぜ》め

降《ふ》り注《そそ》ぐ鉄砲《てっぽう》の雨《あめ》をかいくぐりながら、俺《おれ》は運良《うんよ》く城《しろ》の外《そと》まで逃《に》げ延《の》びていた。だけど俺《おれ》が助《たす》かったのは奇跡《きせき》に近《ちか》い。……いや、俺《おれ》が率《ひき》いてきた多《おお》くの兵《へい》たちが討《う》ち死《じ》にしているんだ。彼《かれ》らの命《いのち》で俺《おれ》は助《たす》けられたに過《す》ぎない。

遠《とお》くで勝鬨《かちどき》の声《こえ》が聞《き》こえる。どうやら大手口《おおてぐち》を攻《せ》めた、朝倉軍本隊《あさくらぐんほんたい》が岐阜城《ぎふじょう》を攻《せ》め落《お》としたようだ。

浅井《あざい》・朝倉連合軍《あさくられんごうぐん》は勝利《しょうり》したかもしれない。だけど、俺《おれ》は強引《ごういん》な攻《せ》めで、多《おお》くの兵《へい》を無駄《むだ》に失《うしな》ってしまった。この状況《じょうきょう》で、おめおめと朝倉《あさくら》の本陣《ほんじん》に戻《もど》れるだろうか。……否《いな》。勝利《しょうり》を祝《いわ》うどころか、義景殿《よしかげどの》にも他《ほか》の武将《ぶしょう》にも顔向《かおむ》けできるものか。

傷《きず》だらけになった鎧《よろい》をその場《ば》に脱《ぬ》ぎ捨《す》てると、俺《おれ》は誰《だれ》にも告《つ》げず朝倉軍《あさくらぐん》から姿《すがた》を消《け》した――。

NORMAL END

152 鉄砲《てっぽう》を放《はな》て！

織田兵《おだへい》の姿《すがた》は見《み》えない。ただ、それでまったく抵抗《ていこう》がない、と考《かんが》えるほど俺《おれ》だって甘《あま》くないさ。

あの塀《へい》の死角《しかく》、塀《へい》に開《あ》けられた数々《かずかず》の狭間《さま》。恐《おそ》らくはそこに潜《ひそ》んだ伏兵《ふくへい》が俺《おれ》たちの動《うご》きを見《み》ている。そして不注意《ふちゅうい》に踏《ふ》み込《こ》んだら最後《さいご》、一斉《いっせい》に襲《おそ》いかかるつもりだろう。

「鉄砲隊《てっぽうたい》、用意《ようい》！」

俺《おれ》は自分《じぶん》に与《あた》えられた鉄砲隊《てっぽうたい》に構《かま》えさせる。兵《へい》たちは「敵《てき》もいないのにどこに向《む》かって？」という顔《かお》をしているが、黙《だま》って俺《おれ》は塀《へい》の一角《いっかく》に向《む》かって、鉄砲《てっぽう》を放《はな》たせた。轟音《ごうおん》とともに塀《へい》が削《けず》り取《と》られてゆく。

「ひ、ひいっ！　こ、こっちの位置《いち》がバレてる！　撤退《てったい》！　てったーい！」

ひるんだ織田兵《おだへい》があわてて退《しりぞ》いていく。伏兵《ふくへい》なんて、不意《ふい》を突《つ》かれなければ何《なに》も怖《こわ》くないんだ。

153 へ進む

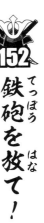

153 本丸陥落《ほんまるかんらく》

鉄砲《てっぽう》に驚《おどろ》き退《しりぞ》いていった織田兵《おだへい》を追《お》いかけるように、俺《おれ》は本丸《ほんまる》まで駆《か》けた。

戦《いくさ》では敗走《はいそう》が敗走《はいそう》を呼《よ》ぶ、と言《い》われる。俺《おれ》の部隊《ぶたい》に蹴散《けち》らされた織田軍《おだぐん》は、たいして損害《そんがい》もないのに雪崩《なだれ》を打《う》って敗走《はいそう》を始《はじ》めていた。

俺《おれ》の率《ひき》いる部隊《ぶたい》が少数《しょうすう》であることに気《き》づかれれば反撃《はんげき》され、撃退《げきたい》されていただろう。

攻《せ》めながらも俺《おれ》は実《じつ》はヒヤヒヤしていた。

その時《とき》、声《こえ》が聞《き》こえた。大手口《おおてぐち》から攻《せ》めていた朝倉軍《あさくらぐん》の本隊《ほんたい》だ。

「間《ま》に合《あ》ってくれたか……」

朝倉軍《あさくらぐん》の本隊《ほんたい》が次々《つぎつぎ》に本丸《ほんまる》に雪崩込《なだれこ》んでいくのを見《み》ながら、俺《おれ》は少《すこ》しホッとしていた。ここまでくれば岐阜城《ぎふじょう》の陥落《かんらく》はもう間違《まちが》いない。あとは本隊《ほんたい》に任《まか》せて、俺《おれ》が目指《めざ》すのは——父《ちち》の仇《かたき》、織田信長《おだのぶなが》の首《くび》だけだ！

154へ進む

154

信長《のぶなが》の鎧《よろい》

「こたびの戦《いくさ》、皆《みな》の者《もの》、大義《たいぎ》であった。とくに斎藤龍高《さいとうたつたか》。そなたの働《はたら》きはめざましく褒美《ほうび》を与《あた》えるとともに、一軍《いちぐん》の指揮《しき》を任《まか》せようと思《おも》う」

岐阜城陥落《ぎふじょうかんらく》。その後《ご》の軍議《ぐんぎ》の場《ば》で俺《おれ》は朝倉義景殿《あさくらよしかげどの》から褒美《ほうび》を与《あた》えられ、一軍《いちぐん》の指揮《しき》を与《あた》えられた。流浪《るろう》の身《み》から一軍《いちぐん》の大将《たいしょう》、手柄《てがら》さえあげればいくらでも出世《しゅっせ》できる戦《せん》国時代《ごくじだい》とはいえ、めざましい出世《しゅっせ》だ。

だけど、俺《おれ》の心《こころ》はどこか晴《は》れなかった。

岐阜城《ぎふじょう》の奥深《おくふか》く、信長《のぶなが》の居室《きょしつ》と思《おも》われる場所《ばしょ》に踏《ふ》み込《こ》んだ俺《おれ》は見《み》たんだ。うやうやしく飾《かざ》られた南蛮式《なんばんしき》の甲冑《かっちゅう》——織田信長《おだのぶなが》のものだ。

つまりさっきまで、ここに信長《のぶなが》はたしかにいた。それなのにほんのわずかの差《さ》で逃《に》がしてしまい、父《ちち》の仇《かたき》を取《と》ることに失敗《しっぱい》したんだ。

あとわずかか！　あとわずかで信長《のぶなが》の首《くび》に手《て》が届《とど》いたというのに！

俺《おれ》の中《なか》には勝利《しょうり》の喜《よろこ》びよりも悔《くや》しさがあった。

168へ進む

155 義景殿《よしかげどの》は裏切《うらぎ》れない

「龍高《たつたか》、そなたはワシについてきてくれるな?」

朝倉義景殿《あさくらよしかげどの》にそんな風《ふう》に言《い》われたら、断《ことわ》ることはできない。

武田軍《たけだぐん》が動《うご》いた今《いま》、織田軍《おだぐん》を討《う》つ最大《さいだい》のチャンスかもしれない。父《ちち》の仇《かたき》、織田信長《おだのぶなが》を討《う》ち、俺《おれ》の知《し》っている歴史《れきし》ががらっと変《か》わる、その瞬間《しゅんかん》を見《み》たくないかと言《い》われたら……それでも! それでも流浪《るろう》の果《は》てに朝倉軍《あさくらぐん》に迎《むか》えてもらい、こうして兵《へい》を率《ひき》いる身分《みぶん》に取《と》り立《た》ててもらった、その恩《おん》は裏切《うらぎ》れない。

「承知《しょうち》……いたしました。義景殿《よしかげどの》……いえ、義景様《よしかげさま》! この斎藤龍高《さいとうたつたか》、義景様《よしかげさま》とともにどこへなりと参《まい》りましょうぞ!」

かくして冬《ふゆ》が近《ちか》づく中《なか》、俺《おれ》は朝倉義景様《あさくらよしかげさま》に従《したが》って、北近江《きたおうみ》を後《あと》に越前《えちぜん》へと兵《へい》を退《ひ》くことに同意《どうい》したのだった。

156へ進む

156 浅井長政殿《あざいながまさどの》との別《わか》れ

朝倉軍《あさくらぐん》は当主《とうしゅ》義景様《よしかげさま》の命令《めいれい》のもと、北近江《きたおうみ》での小谷城《おだにじょう》支援《しえん》を切《き》り上《あ》げて、越前《えちぜん》への道《みち》を急《いそ》いでいた。武田《たけだ》が動《うご》き、浅井《あざい》・朝倉連合軍《あさくられんごうぐん》と挟《はさ》み撃《う》ちにすれば織田軍《おだぐん》を今度《こんど》こそ破《やぶ》ることができる……はずだったけど、言《い》っても仕方《しかた》のないことだ。

ただ心残《こころのこ》りは、最後《さいご》に浅井長政殿《あざいながまさどの》と別《わか》れの言葉《ことば》を交《か》わす余裕《よゆう》もなかったことだ。

「またお目《め》にかかることができる……きっとできるさ」

俺《おれ》は道中《どうちゅう》ずっと自分《じぶん》にそう言《い》い聞《き》かせていた。

でも……その時《とき》は永遠《えいえん》に訪《おとず》れなかった。なぜなら……その日《ひ》、近江《おうみ》からの至急《しきゅう》の伝令《でんれい》が小谷城落城《おだにじょうらくじょう》の報《しら》せを届《とど》けに来《き》たんだ。

朝倉《あさくら》からの援軍《えんぐん》が退《ひ》いた後《あと》、圧倒的《あっとうてき》な数《かず》の織田軍《おだぐん》の猛攻《もうこう》に対《たい》して浅井長政殿《あざいながまさどの》は、降伏《こうふく》の勧《すす》めを最後《さいご》まで拒《こば》んで、戦《たたか》い続《つづ》けたという——。

157へ進む

157 織田軍《おだぐん》、越前《えちぜん》に迫《せま》る

北近江《きたおうみ》の浅井家《あざいけ》が滅《ほろ》ぼされたことで、次《つぎ》は越前《えちぜん》の朝倉《あさくら》に織田軍《おだぐん》の鉾先《ほこさき》が向《む》かうのは確《かく》実《じつ》だと巷《ちまた》では噂《うわさ》されていた。

そしてその時《とき》が来《き》た。織田軍《おだぐん》は越前国境《えちぜんこっきょう》から侵入《しんにゅう》、途中《とちゅう》の城《しろ》を次々《つぎつぎ》に落《お》としながら進撃《しんげき》する様《さま》を告《つ》げる伝令《でんれい》が一乗谷城《いちじょうだにじょう》へひっきりなしに訪《おとず》れていた。

「織田軍《おだぐん》の進撃《しんげき》は早《はよ》うございます。なんらかの策《さく》を……」

「誰《だれ》がそんな話《はなし》をしろと言《い》うたのじゃ！」

俺《おれ》の額《ひたい》に向《む》かって、朝倉義景様《あさくらよしかげさま》が投《な》げた扇子《せんす》が飛《と》んできた。

浅井家滅亡以降《あざいけめつぼういこう》、義景様《よしかげさま》は常《つね》にイライラしていた。それをまぎらわすように茶会《ちゃかい》や猿《さる》楽《がく》など遊《あそ》びに興《きょう》じているのだ。それをいさめたり、聞《き》きたくない話《はなし》を耳《みみ》に入《い》れようとすると露骨《ろこつ》に不機嫌《ふきげん》になる。

当主《とうしゅ》がこんな状況《じょうきょう》では確実《かくじつ》に朝倉家《あさくらけ》は滅《ほろ》ぶことになる。俺《おれ》は確信《かくしん》していた。

158へ進む

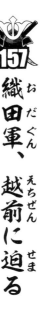

158 織田軍《おだぐん》の勢《いきお》い止《と》まらず

軍議《ぐんぎ》の結果《けっか》、義景様《よしかげさま》の命令《めいれい》がないとしても織田軍《おだぐん》を迎《むか》え撃《う》つ軍《ぐん》を出《だ》すべき、ということになった。だが、進《すす》んで軍《ぐん》を出《だ》そうと言《い》い出《だ》す武将《ぶしょう》はいない。

「織田軍迎撃《おだぐんげいげき》の任《にん》、私《わたし》がお引《ひ》き受《う》けいたしましょう」

放《ほう》っておいても織田軍《おだぐん》は迫《せま》ってくるんだ。ここは俺《おれ》が名乗《なの》り出《で》るしかないじゃないか。

急《いそ》いで軍勢《ぐんぜい》を仕立《した》てて出陣《しゅつじん》した俺《おれ》だったが、織田軍《おだぐん》の勢《いきお》いは止《と》められない。こちらが援軍《えんぐん》に向《む》かうよりも早《はや》く、次々《つぎつぎ》に城《しろ》が落《お》とされていく。

「龍高殿《たつたかどの》！　ここは我《われ》らが食《く》い止《と》めます。龍高殿《たつたかどの》は一乗谷《いちじょうだに》に戻《もど》り再起《さいき》を！」

深傷《ふかで》を負《お》った部下《ぶか》が俺《おれ》に向《む》かって叫《さけ》ぶ。

「そんなことができるか！」

部下《ぶか》を見殺《みごろ》しにして、俺《おれ》だけが逃《に》げ帰《かえ》るなんてことができるものか！

159へ進む

159 雪《ゆき》の中《なか》での出会《であ》い

俺《おれ》は一人《ひとり》、深《ふか》い雪《ゆき》の中《なか》を一乗谷《いちじょうだに》へと向《む》かっていた。率《ひき》いてきた軍《ぐん》はもうバラバラになってしまった。それでも部下《ぶか》たちに生《い》かしてもらった命《いのち》だ。無駄《むだ》にするわけに……いかない。なんとしても一乗谷《いちじょうだに》に……一乗《いちじょう》……谷《だに》、に……。

目《め》が覚《さ》めた時《とき》、そこはどこかの陣中《じんちゅう》だった。

「おお、おみゃーさん、ようやく目《め》が覚《さ》めたか」

尾張《おわり》のなまりの強《つよ》い小男《こおとこ》が俺《おれ》をニヤニヤと見《み》ていた。

「ワシは羽柴秀吉《はしばひでよし》。おみゃーさんの活躍《かつやく》はみゃーから聞《き》いとった」

羽柴秀吉《はしばひでよし》！　つまりここは織田軍《おだぐん》の陣中《じんちゅう》というわけだ。思《おも》わず武器《ぶき》を探《さが》した俺《おれ》を秀《ひで》吉《よし》は笑《わら》った。

「そんなに警戒《けいかい》せんでもええでしょう。取《と》って食《く》いはせん。ただ、おみゃーさんに少《すこ》し相談《そうだん》があるんだがね」

羽柴秀吉《はしばひでよし》が俺《おれ》に相談《そうだん》、だと……？

160へ進む

160 秀吉《ひでよし》からの誘《さそ》い

「おみゃーのことは買《か》っとったんだ」

羽柴秀吉《はしばひでよし》という男《おとこ》、俺《おれ》のことをどこまで知《し》っているというんだ。

「斎藤龍高《さいとうたつたか》。美濃斎藤家《みのさいとうけ》の分家筋《ぶんけすじ》に当《あ》たり、主家滅亡後《しゅかめつぼうご》は朝倉軍《あさくらぐん》に迎《むか》えられ……肝心《かんじん》なところでワシらの勝利《しょうり》をことごとく邪魔《じゃま》する厄介《やっかい》な存在《そんざい》。そんなおみゃーさんに相談《そうだん》と言《い》うのはだな……」

秀吉《ひでよし》が声《こえ》を潜《ひそ》めた。

「ワシの配下《はいか》にならんか？　朝倉《あさくら》はもう駄目《だめ》だ。それはおみゃーも薄々《うすうす》わかっとるだろう？　昔《むかし》っからの朝倉《あさくら》の家臣《かしん》なら主《あるじ》とともに死《し》ぬのもええ。だけど、おみゃーにはそこまでの義理《ぎり》はにゃーだろう？」

確《たし》かに義景様《よしかげさま》を見《み》ていると、朝倉家《あさくらけ》の滅亡《めつぼう》は避《さ》けようがないように思《おも》える。だからって秀吉《ひでよし》の配下《はいか》になれ、だと？

【配下になろう】164へ進む

【断る！】161へ進む

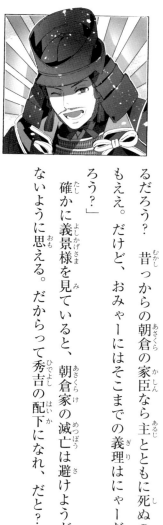

161 不思議《ふしぎ》な男《おとこ》

ここは織田軍《おだぐん》の陣中《じんちゅう》だ。秀吉《ひでよし》の誘《さそ》いを断《ことわ》ればこの場《ば》で斬《き》られるかもしれない。

それでも俺《おれ》は……まだ朝倉義景様《あさくらよしかげさま》に恩《おん》を感《かん》じている。なにより織田信長《おだのぶなが》は父《ちち》の仇《かたき》だ。

その織田軍《おだぐん》に加《くわ》わることなんてできない。なら、答《こた》えは一《ひと》つだ。

「断《ことわ》る！」

「そうか。配下《はいか》にならんなら、どこへなりと行《い》きゃあええ」

秀吉《ひでよし》から返《かえ》ってきた言葉《ことば》に俺《おれ》は拍子抜《ひょうしぬ》けした。

「嫌《いや》だ言《い》っとる者《もの》を無理《むり》に配下《はいか》に加《くわ》えても意味《いみ》にゃーだろうが」

それはそうなんだけど、なんのおとがめもなしに逃《に》がしてくれるのか？

羽柴秀吉《はしばひでよし》という男《おとこ》はいったい何《なに》を考《かんが》えているんだ。

162へ進む

162 新《あら》たなる旅《たび》へ

「何《なに》を呆《ほう》けた顔《かお》をしとるんだ」

いや、だって今《いま》は戦国時代《せんごくじだい》、しかも俺《おれ》と秀吉《ひでよし》は敵同士《てきどうし》の立場《たちば》だぞ？

「いたずらに人《ひと》が死《し》ぬのはワシは好《す》きじゃにゃー。ただ、それだけのこと。……ただし、朝倉《あさくら》に戻《もど》るなら戦場《せんじょう》では容赦《ようしゃ》せんでな」

やはり変《か》わった男《おとこ》だ。ただ、最後《さいご》のひと言《こと》を告《つ》げる時《とき》だけは目《め》が笑《わら》っていなかった。

そういうところはやはり戦国《せんごく》の武将《ぶしょう》だ。

俺《おれ》は秀吉《ひでよし》の言葉《ことば》に甘《あま》えて、織田軍《おだぐん》の陣《じん》を後《あと》にした。

ただ、あの最後《さいご》に一瞬感《いっしゅんかん》じた秀吉《ひでよし》の怖《こわ》さを思《おも》うと、朝倉《あさくら》軍《ぐん》に戻《もど》って羽柴秀吉《はしばひでよし》という武将《ぶしょう》と改《あらた》めて戦《たたか》おう、という気《き》は起《お》きなかった。それほどのすごみがあった。

そして俺《おれ》はあてのない旅《たび》に出《で》た。いつかは再起《さいき》して父《ちち》の仇《かたき》、信長《のぶなが》に挑《いど》むことがあるのだろうか。それとも——。

NORMAL END

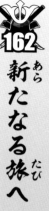

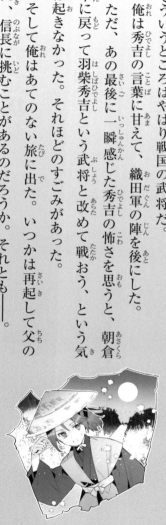

163 天下《てんか》の器《うつわ》

「では、天下《てんか》を取《と》りにいきますか？」

そう言《い》った瞬間《しゅんかん》、秀吉《ひでよし》が鋭《するど》い目《め》をしたのを俺《おれ》は見逃《みのが》さなかった。

だけど、それはほんの一瞬《いっしゅん》で、次《つぎ》の瞬間《しゅんかん》にはすべてを笑《わら》い飛《と》ばすように大《おお》きく笑《わら》った。

「わーはっはっは、龍高殿《たつたかどの》は意外《いがい》に豪胆《ごうたん》なことを考《かんが》える！　天下《てんか》を取《と》るか！　しかしワシは天下人《てんかびと》の器《うつわ》じゃにゃー。上様《うえさま》の天下《てんか》取《と》りに協力《きょうりょく》できりゃあ、それで満足《まんぞく》だ」

それがどこまで本心《ほんしん》なのか、俺《おれ》にはわからない。羽柴秀吉《はしばひでよし》という武将《ぶしょう》は時《とき》に明《あか》るくおどけてみせるかと思《おも》えば、時《とき》に暗《くら》く冷酷《れいこく》な面《めん》を見《み》せる、そんな底知《そこし》れない存在《そんざい》だった。

167へ進む

164 人《ひと》たらし

「本当《ほんとう》か？　じゃあ、早速軍議《さっそくぐんぎ》に加《くわ》わってくれんか」

秀吉《ひでよし》はそう言《い》うと、俺《おれ》を軍議《ぐんぎ》の場《ば》へと連《つ》れて行《い》った。

いやいや、本気《ほんき》か？　さっきまで敵将《てきしょう》だった俺《おれ》の言葉《ことば》を簡単《かんたん》に信《しん》じて……これがウソだったらどうするつもりなんだ？

「いやあ、越前《えちぜん》は山道《やまみち》が多《おお》うて、攻《せ》めるのにもなかなか苦労《くろう》しとるんだわ。そこでそなたならどう攻《せ》める……ん？」

「普通《ふつう》、もう少《すこ》し疑《うたが》いませんか？　私《わたし》は朝倉軍《あさくらぐん》の武将《ぶしょう》ですよ？」

「疑《うたが》ったらきりがにゃーだろう？　そんなことより早《はよ》う」

秀吉《ひでよし》という男《おとこ》、大物《おおもの》なのかそれともただ警戒心《けいかいしん》が薄《うす》いだけなのか……。

でもいつの間《ま》にか俺《おれ》は、この男《おとこ》にならば従《したが》ってもいい、と本心《ほんしん》で思《おも》い始《はじ》めていた。そういえば秀吉《ひでよし》は他人《たにん》を惹《ひ》きつけることから、「人《ひと》たらし」なんて呼《よ》ばれ方《かた》もしていたんだっけ。

165へ進む

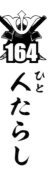

165

本能寺《ほんのうじ》にあり

秀吉《ひでよし》に従《したが》って数年後《すうねんご》の天正十年《てんしょうじゅうねん》（一五八二）。

俺《おれ》は各地《かくち》で戦《たたか》い、いつしか配下《はいか》の有力武将《ゆうりょくぶしょう》になっていた。

そしてついに毛利《もうり》を討《う》つべく、*中国攻《ちゅうごくぜ》めに向《む》かうその日《ひ》、秀吉《ひでよし》は俺《おれ》を陣《じん》に招《まね》き、こう言《い》ったんだ。

「信長様《のぶながさま》は今《いま》、本能寺《ほんのうじ》におられる。それも供回《ともまわ》りのものだけ少数《しょうすう》でな」

俺《おれ》の中《なか》で「本能寺《ほんのうじ》」という言葉《ことば》が響《ひび》き、そしてすでに亡《な》くなった明智光秀殿《あけちみつひでどの》の顔《かお》が思《おも》い浮《う》かんだ。でも、その光秀殿《みつひでどの》はもういない。歴史《れきし》が変《か》わってしまったんだ。でも……秀吉《ひでよし》はどうしてこんな話題《わだい》を俺《おれ》に振《ふ》ったんだ？

「今《いま》なら誰《だれ》でも討《う》てるかもしれんな。まったく上様《うえさま》も不用心《ぶようじん》で困《こま》る」

そう言《い》いながら秀吉《ひでよし》は笑《わら》う……が、俺《おれ》は反応《はんのう》に困《こま》っていた。

【俺を試している……？】 166 へ進む

【天下を取りにいきますか？】 163 へ進む

※中国：中国地方のこと。美作国（現在の岡山県東部）や因幡国（現在の鳥取県）から長門国（現在の山口県西部）あたりを指す。

166 試《ため》されたのか？

俺《おれ》は反応《はんのう》に困《こま》り、無言《むごん》で秀吉《ひでよし》を見《み》つめていた。

その時《とき》、秀吉《ひでよし》がニヤリと笑《わら》った。

「なんでもない、なんでもない。ただ、上様《うえさま》の警護《けいご》があまりに手薄《てうす》なんで、気《き》になっただけだ。心配性《しんぱいしょう》なのはワシの悪《わる》いくせだにゃー」

秀吉《ひでよし》は俺《おれ》に背《せ》を向《む》ける。その背《せ》は明《あき》らかに殺意《さつい》を帯《お》びていた。

これは推測《すいそく》だけど、俺《おれ》の返答次第《へんとうしだい》ではこの場《ば》で斬《き》り捨《す》てられていたんじゃないか？

少《すく》なくとも俺《おれ》は朝倉家《あさくらけ》を裏切《うらぎ》っているんだ。もう一度裏切《いちどうらぎ》らないとも限《かぎ》らない。そこで鎌《かま》をかけられた……なんてのは俺《おれ》の考《かんが》えすぎだろうか。

167へ進む

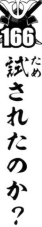

167 運命《うんめい》

天正十年《てんしょうねん》（一五八二）中《ちゅう》に、安芸国《あきのくに》（現在《げんざい》の広島県《ひろしまけん》）の毛利輝元《もうりてるもと》を下《くだ》し、秀吉《ひでよし》は中《ちゅう》国《ごく》を平定《へいてい》した。もちろん俺《おれ》も常《つね》にともにあった。

「歴史《れきし》とは面白《おもしろ》いものだな……」

本来《ほんらい》であれば毛利《もうり》との戦《たたか》いの最中《さいちゅう》に、織田信長《おだのぶなが》は本能寺《ほんのうじ》で明智光秀《あけちみつひで》に討《う》たれ、歴史《れきし》は大《おお》きく動《うご》くはずだった。でも、今俺《いまおれ》が生《い》きている歴史《れきし》はだいぶ変《か》わってしまっている。

俺《おれ》が転生《てんせい》してしまったからなのか、それとも……。

「結果的《けっかてき》には父《ちち》の仇《かたき》と狙《ねら》った織田信長《おだのぶなが》の天下《てんか》をその配下《はいか》の武《ぶ》将《しょう》、羽柴秀吉《はしばひでよし》とともに見届《みとど》けることになる、か……」

まさか、こんな結末《けつまつ》が待《ま》っていようとは思《おも》いもしなかった。

だけど、俺《おれ》の知《し》っている歴史《れきし》とは違《ちが》う結末《けつまつ》を見届《みとど》けられたんだ。こんな結末《けつまつ》も案外悪《あんがいわる》くないんじゃないかな。

NORMAL END

168 塗《ぬ》り替《か》えられる勢力図《せいりょくず》

浅井《あざい》・朝倉連合軍《あさくられんごうぐん》は岐阜城《ぎふじょう》を落《お》とした後《のち》、美濃国《みののくに》に残《のこ》る織田軍《おだぐん》を討《う》つために、さらに軍勢《ぐんぜい》を進《すす》めた。その中《なか》には新《あら》たに一軍《いちぐん》を率《ひき》いる大将《たいしょう》になった俺《おれ》もいた。

「美濃《みの》から落《お》ち延《の》びた時《とき》は着《き》の身着《みき》のままだった俺《おれ》が、朝倉義景殿《あさくらよしかげどの》のもとでこうして数《すう》千《せん》の軍勢《ぐんぜい》を率《ひき》いることになるなんて思《おも》わなかったな」

整然《せいぜん》と俺《おれ》の後《あと》に従《したが》っている騎馬《きば》、足軽《あしがる》、鉄砲《てっぽう》を見《み》ると誇《ほこ》らしくなる。

進軍《しんぐん》する浅井《あざい》・朝倉連合軍《あさくられんごうぐん》の他《ほか》、遠江国《とおとうみのくに》（現在《げんざい》の静岡県《しずおかけん》）に侵入《しんにゅう》した武田軍《たけだぐん》もまたさらに軍《ぐん》を進《すす》め、三河国《みかわのくに》（現在《げんざい》の愛知県東部《あいちけんとうぶ》）のほとんどを支配下《しはいか》に収《おさ》めつつ、尾張《おわり》国《のくに》（現在《げんざい》の愛知県西部《あいちけんせいぶ》）をうかがう位置《いち》にある。

あれほどの勢《いきお》いを誇《ほこ》った織田軍《おだぐん》が四方八方《しほうはっぽう》から攻《せ》められ、いまや息《いき》も絶《た》え絶《だ》えに見《み》える……が、相手《あいて》は魔王《まおう》とも呼《よ》ばれる信長《のぶなが》だ。油断《ゆだん》はできない。

169へ進む

169 緩《ゆる》んでゆく気《き》

朝倉軍本陣《あさくらぐんほんじん》。次々《つぎつぎ》と落《お》ちてゆく織田軍《おだぐん》の支城《しじょう》について、報告《ほうこく》を受《う》ける朝倉義《あさくらよし》景殿《かげどの》は上機嫌《じょうきげん》だった。報告《ほうこく》に戻《もど》った俺《おれ》が見《み》たのは、まだ昼《ひる》だというのに酒《さけ》をあおり、もはや勝利《しょうり》を確信《かくしん》しているような義景殿《よしかげどの》の姿《すがた》だった。

「ほうっほっほ、斎藤龍高《さいとうたつたか》よ、大義《たいぎ》、大義《たいぎ》。もはや織田軍《おだぐん》は壊滅寸前《かいめつすんぜん》、信長《のぶなが》の首《くび》が届《とど》けられるのも間《ま》もなくであろうよ」

たしかに織田軍《おだぐん》は大《おお》きく兵《へい》を減《へ》らしている。それでも歴戦《れきせん》の武将《ぶしょう》たちが残《のこ》っている限《かぎ》りは油断《ゆだん》できないはずだ。数《かず》に劣《おと》っていようと、相手《あいて》の大将《たいしょう》の首《くび》さえ取《と》れればそこから逆転《ぎゃくてん》はあり得《え》るんだ。そう……かつての桶狭間《おけはざま》の戦《たたか》いのように。

だというのに、この気《き》の緩《ゆる》みように誰《だれ》も忠告《ちゅうこく》しようとしない。

「俺《おれ》が義景殿《よしかげどの》にちゃんと忠告《ちゅうこく》すべきか……」

【忠告をする】170 へ進む

【自分の軍だけ警戒（けいかい）を強める】177 へ進む

170 制止《せいし》する手《て》

気《き》が緩《ゆる》んだ朝倉義景殿《あさくらよしかげどの》に、俺《おれ》は忠告《ちゅうこく》しようと前《まえ》に進《すす》み出《で》ようとする。……が、そんな俺《おれ》の肩《かた》をつかむ手《て》があった。振《ふ》り返《かえ》ると、浅井長政殿《あざいながまさどの》がゆっくりと首《くび》を横《よこ》に振《ふ》っていた。

「長政殿《ながまさどの》、なぜ止《と》められるのです?」

俺《おれ》は小声《こごえ》で長政殿《ながまさどの》に問《と》いただす。

義景殿《よしかげどの》はともかく、長政殿《ながまさどの》は織田軍《おだぐん》がまだ油断《ゆだん》できない存在《そんざい》だということはわかっているはずだ。柴田勝家《しばたかついえ》を筆頭《ひっとう》に数々《かずかず》の猛将《もうしょう》、そして智将《ちしょう》と呼《よ》ばれる羽柴秀吉《はしばひでよし》。彼《かれ》らが健在《けんざい》なら、こんなに警戒心《けいかいしん》の薄《うす》い本陣《ほんじん》など一千《いっせん》も兵《へい》があれば奇襲《きしゅう》することだって可能《かのう》だろう。

171へ進む

171 長政殿《ながまさどの》の配慮《はいりょ》

俺《おれ》に聞《き》かれた浅井長政殿《あざいながまさどの》は困《こま》ったような表情《ひょうじょう》をうかべた。

「龍高《たつたか》、そなたも義景殿《よしかげどの》の性格《せいかく》を存《ぞん》じていよう?」

朝倉義景殿《あさくらよしかげどの》は大将《たいしょう》としては少《すこ》し気分屋《きぶんや》に過《す》ぎるところがある。気分《きぶん》を良《よ》くしている時《とき》はいいけど、それを邪魔《じゃま》されるとまるで子供《こども》のように不機嫌《ふきげん》になる。

「つまり……上機嫌《じょうきげん》の義景殿《よしかげどの》の邪魔《じゃま》をするな、と長政殿《ながまさどの》はおっしゃるのですか?」

「こんなことで、そなたのことを失《うしな》いたくはないのだよ」

義景殿《よしかげどの》の機嫌《きげん》を損《そこ》ねて遠《とお》ざけられた家臣《かしん》は多《おお》い。まして俺《おれ》は古《ふる》くからの家臣《かしん》ではない。もし義景殿《よしかげどの》が気《き》に入《い》らなければ朝倉軍《あさくらぐん》を追《お》い出《だ》されかねない。織田軍《おだぐん》との決戦《けっせん》を前《まえ》に俺《おれ》に抜《ぬ》けられては困《こま》る、というのが長政殿《ながまさどの》の言《い》い分《ぶん》だった。

長政殿《ながまさどの》の気《き》づかいはありがたい。ありがたいけれど——。

【それでも忠告する】172へ進む

【忠告をあきらめる】174へ進む

172 義景殿《よしかげどの》の叱責《しっせき》

気《き》が緩《ゆる》んでいる朝倉義景殿《あさくらよしかげどの》に忠告《ちゅうこく》しようとする俺《おれ》を、浅井長政殿《あざいながまさどの》は止《と》めようとした。

織田軍《おだぐん》との決戦《けっせん》を前《まえ》に俺《おれ》を失《うしな》いたくない、というその評価《ひょうか》はうれしい。

それでも俺《おれ》は忠告《ちゅうこく》せずにはいられなかった。

「ワシの気《き》が緩《ゆる》んでいる？　龍高《たつたか》はそう思《おも》うのか？」

「……はい。ゆっくりと宴《うたげ》などせず、この勢《いきお》いのまま織田軍《おだぐん》を攻《せ》め滅《ほろ》ぼすべきなのです！」

「はっ！　岐阜城《ぎふじょう》に続《つづ》き、支城《しじょう》も次々《つぎつぎ》に落《お》ちておるのじゃ。ワシが動《うご》くまでもあるまい」

「加《くわ》えて本陣《ほんじん》もあまりに無警戒《むけいかい》に過《す》ぎます！　いつ敵襲《てきしゅう》が……」

「痴《し》れ者《もの》が！　少《すこ》し功績《こうせき》があったからといって、いつからワシに意見《いけん》できるほど偉《えら》くなった！　あー、酒《さけ》じゃ、酒《さけ》！　皆《みな》の者《もの》、飲《の》み直《なお》すぞ！」

義景殿《よしかげどの》は俺《おれ》を叱《しか》りつけると、側近《そっきん》たちと宴《うたげ》へと消《き》えていった。

173へ進む

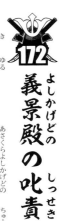

173 終《お》わりの始《はじ》まり

誰《だれ》もいなくなった本陣《ほんじん》を俺《おれ》は後《あと》にした。

行《い》く先《さき》は俺《おれ》が指揮《しき》する軍《ぐん》……ではない。今《いま》まで俺《おれ》は朝倉義景殿《あさくらよしかげどの》に何度《なんど》か進言《しんげん》してきた。でも、ここまで受《う》け入《い》れられないのなら、もう朝倉《あさくら》の旗《はた》の下《した》で戦《たたか》うことに意味《いみ》は感《かん》じなかったんだ。俺《おれ》を一軍《いちぐん》の将《しょう》まで引《ひ》き上《あ》げてくれた恩《おん》はある。だから織田軍《おだぐん》に味方《みかた》しようとは思《おも》わないけど、もうともには戦《たたか》えない。

朝倉軍《あさくらぐん》を離《はな》れて数日後《すうじつご》のこと——。

京《きょう》にいた俺《おれ》は朝倉軍大敗《あさくらぐんたいはい》という噂《うわさ》を耳《みみ》にしていた。なんでも警戒《けいかい》の薄《うす》い朝倉軍本陣《あさくらぐんほんじん》を羽柴秀吉《はしばひでよし》率《ひき》いる織田軍《おだぐん》が奇襲《きしゅう》。辛《かろ》うじて義景殿《よしかげどの》は討《う》ち死《じ》にを免《まぬが》れたものの、多《おお》くの家臣《かしん》を見捨《みす》てて越前《えちぜん》に逃《に》げ帰《かえ》ったという。

「あの様子《ようす》では、もうついてゆく家臣《かしん》はいないだろうな……」

朝倉家《あさくらけ》はもう長《なが》くないだろう。だけど、俺《おれ》にはもうどうでもいいことだ。

NORMAL END

174 あきらめ

「……わかりました」

俺《おれ》は浅井長政殿《あざいながまさどの》の忠告《ちゅうこく》を受《う》け入《い》れ、朝倉義景殿《あさくらよしかげどの》への忠告《ちゅうこく》をあきらめることにした。

俺《おれ》の言葉《ことば》に長政殿《ながまさどの》もホッとしたような表情《ひょうじょう》を浮《う》かべた。

たしかに長政殿《ながまさどの》の言《い》われるように、義景殿《よしかげどの》は他人《たにん》の忠告《ちゅうこく》を素直《すなお》に受《う》け入《い》れるような性格《せいかく》じゃあない。不興《ふきょう》を買《か》って朝倉軍《あさくらぐん》を追《お》い出《だ》されるよりは、自分《じぶん》のやれることをやるべきだろう。

俺《おれ》は自分《じぶん》の率《ひき》いる軍勢《ぐんぜい》に戻《もど》ると、敵襲《てきしゅう》に備《そな》えて柵《さく》や見張《みは》りの数《かず》を増《ふ》やし、守《まも》りを固《かた》めた。さらに義景殿《よしかげどの》の本陣《ほんじん》に何《なに》かあった際《さい》にはいつでも動《うご》けるだけの心構《こころがま》えをする。

これらの準備《じゅんび》が無駄《むだ》になるならそれでもいいんだ。

175へ進む

175 夜襲《やしゅう》

その夜《よる》――。突然《とつぜん》、朝倉義景殿《あさくらよしかげどの》の本陣《ほんじん》のあちらこちらから火《ひ》の手《て》があがった。と同時《どうじ》に声《こえ》があがり、炎《ほのお》に映《うつ》し出《だ》された軍勢《ぐんぜい》が本陣《ほんじん》を蹴散《けち》らしていく。

「……やはり来《き》たか」

俺《おれ》は手早《てばや》く鎧《よろい》を身《み》につけると、自分《じぶん》の軍勢《ぐんぜい》に命令《めいれい》を下《くだ》してゆく。恐《おそ》らくはこの奇襲《きしゅう》で、まともに備《そな》えをしていなかった本陣《ほんじん》は混乱《こんらん》に陥《おちい》っているだろう。となれば敵《てき》――織田《おだ》軍《ぐん》を迎《むか》え撃《う》てるのは俺《おれ》だけだ。

「ゆくぞ、皆《みな》の者《もの》！　なんとしても義景殿《よしかげどの》をお守《まも》りしろ！　騎馬隊《きばたい》は俺《おれ》に続《つづ》け！　襲《おそ》ってきた織田軍《おだぐん》をすべて蹴散《けち》らしてくれようぞ！」

号令《ごうれい》とともに俺《おれ》の軍勢《ぐんぜい》は動《うご》き始《はじ》めた。

176へ進む

176

不完全《ふかんぜん》なる勝利《しょうり》

「ほう……夜襲《やしゅう》に備《そな》えとる者《もの》がおるとは、さすがだ」

炎《ほのお》の中《なか》に特徴的《とくちょうてき》な形《かたち》をした兜《かぶと》の影《かげ》が浮《う》かび上《あ》がる。織田軍《おだぐん》が誇《ほこ》る智将《ちしょう》、羽柴秀吉《はしばひでよし》だ。やはり俺《おれ》のにらんだとおり夜襲《やしゅう》に出《で》てきた！

「ふんっ、そっちこそこんな少数《しょうすう》で夜襲《やしゅう》をかけるとはなかなかの勇気《ゆうき》！」

俺《おれ》は秀吉《ひでよし》と向《む》き合《あ》いながら、背後《はいご》を気《き》にしていた。俺《おれ》がここで朝倉義景殿《あさくらよしかげどの》の本隊《ほんたい》が立《た》ち直《なお》る時間稼《じかんかせ》ぎをする。数《かず》の上《うえ》ではこちらが有利《ゆうり》なんだ。混乱《こんらん》を立《た》て直《なお》せさえすれば……まだ勝《か》ち目《め》はある！

だが、俺《おれ》の期待《きたい》は無駄《むだ》だった。すでに朝倉軍《あさくらぐん》は混乱《こんらん》の中《なか》で同士討《どうしう》ちをはじめ、大打撃《だいだげき》を受《う》けていた。我先《われさき》に逃《に》げ惑《まど》う朝倉軍《あさくらぐん》の武将《ぶしょう》たち。岐阜城《ぎふじょう》を落《お》とし、勢《いきお》いに乗《の》っていた浅井《あざい》・朝倉連合軍《あさくられんごうぐん》がこのザマだ。

「くうっ……ここは軍《ぐん》を立《た》て直《なお》すためにもいったん退《ひ》くべきか。羽《は》柴殿《しばどの》、次《つぎ》はこうはいきませんから！」

「ほほう、楽《たの》しみ、楽《たの》しみ！　次《つぎ》こそはおみゃーさんとしっかり決着《けっちゃく》をつけてゃーな！」

俺《おれ》の言葉《ことば》に秀吉《ひでよし》は大《おお》きく笑《わら》った。敗走《はいそう》を続《つづ》ける織田軍《おだぐん》の中《なか》にあって、この余裕《よゆう》だ。その上《うえ》、無理《むり》な攻撃《こうげき》を続《つづ》けることなく、退《ひ》くときは退《ひ》く判断力《はんだんりょく》。俺《おれ》は羽柴秀吉《はしばひでよし》という武《ぶ》将《しょう》の器《うつわ》の大《おお》きさ、そして実力《じつりょく》を感《かん》じていた。

この夜襲《やしゅう》によって朝倉軍《あさくらぐん》は越前《えちぜん》に退《ひ》くしかなくなっていた。軍勢《ぐんぜい》を立《た》て直《なお》すだけで精一杯《せいいっぱい》で、とても戦《いくさ》ができる状態《じょうたい》じゃなかったんだ。

戦続《いくさつづ》きだった朝倉軍《あさくらぐん》は兵《へい》を回復《かいふく》させるまで、一年《いちねん》は動《うご》けないだろう。

ただ、織田軍《おだぐん》もしばらくは動《うご》けはしないはずだ。

あともう少《すこ》しで織田軍《おだぐん》を、そして信長《のぶなが》を追《お》い詰《つ》められたのに……そんな悔《くや》しさはある。

でも負《ま》けたわけじゃないんだ。次《つぎ》こそは、と決意《けつい》を胸《むね》に秘《ひ》めて、俺《おれ》は越前国一乗谷《えちぜんのくにいちじょうだに》へと戻《もど》っていった。

NORMAL END

177 備《そな》えあれば憂《うれ》いなし

　岐阜城《ぎふじょう》を落《お》としたことで浮《う》かれる朝倉義景殿《あさくらよしかげどの》に忠告《ちゅうこく》しても、機嫌《きげん》が悪《わる》くなるだけだろう。なら、自分《じぶん》の率《ひき》いる軍《ぐん》の周《まわ》りだけでも守《まも》りを固《かた》めておこう。それで見張《みは》りを厳重《げんじゅう》にしておけば奇襲《きしゅう》にも対応《たいおう》できるだろう。

「織田軍《おだぐん》の奇襲《きしゅう》を警戒《けいかい》？　ないない。岐阜城《ぎふじょう》を落《お》とされて、いまさら反撃《はんげき》する力《ちから》なんてあるものか」

　そう言《い》って俺《おれ》を嘲笑《あざわら》う武将《ぶしょう》もいた。

ただ一部《いちぶ》だけど俺《おれ》に賛同《さんどう》してくれた武将《ぶしょう》は、同《おな》じように陣《じん》を固《かた》め始《はじ》めていた。長《なが》く一緒《いっしょ》に戦《たたか》ううちに俺《おれ》を認《みと》めてくれた人《ひと》たちだ。これで義景殿《よしかげどの》やその側近《そっきん》の気《き》がいくら緩《ゆる》んでいても、大敗《たいはい》という最悪《さいあく》の事態《じたい》だけは避《さ》けられそうだ。

178へ進む

178 小牧《こまき》の地《ち》へ

幸《さいわ》いなことに朝倉軍本陣《あさくらぐんほんじん》への織田軍《おだぐん》の襲撃《しゅうげき》はなかった。襲撃《しゅうげき》をするつもりがなかったのか、それとも俺《おれ》たちの守《まも》りが堅《かた》く諦《あきら》めたのか、それはわからない。

ただ、喜《よろこ》んでばかりもいられない、あまり良《よ》くない報《しら》せが届《とど》いていた。織田《おだ》・徳川《とくがわ》連合軍《れんごうぐん》が尾張国《おわりのくに》（現在《げんざい》の愛知県西部《あいちけんせいぶ》）小牧《こまき》に陣《じん》を築《きず》いた、というのだ。その地《ち》にはかつて信長《のぶなが》が美濃攻《みのぜ》めの拠点《きょてん》とした小牧山城《こまきやまじょう》がある。

その報告《ほうこく》を聞《き》いて、ようやく義景殿《よしかげどの》は重《おも》い腰《こし》を上《あ》げた。宴《うたげ》などに時《とき》を費《つい》やさず、一気《いっき》に攻《せ》めていれば陣《じん》を築《きず》く余裕《よゆう》なんて与《あた》えずに済《す》んだはず……なんて言《い》っても仕方《しかた》がない。

「織田軍《おだぐん》に守《まも》りを固《かた》める時間《じかん》を与《あた》えてしまった分《ぶん》、次《つぎ》の戦《たたか》いは少《すこ》し苦戦《くせん》するかもしれないな」

俺《おれ》の心配《しんぱい》をよそに、ゆっくりと小牧《こまき》まで進軍《しんぐん》した浅井《あざい》・朝倉連合軍《あさくられんごうぐん》は再《ふたた》び織田《おだ》・徳《とく》川連合軍《がわれんごうぐん》と向《む》かい合《あ》った。戦《いくさ》が始《はじ》まる。

179へ進む

179 時間《じかん》だけが過《す》ぎてゆく

尾張国小牧《おわりのくにこまき》で浅井《あざい》・朝倉連合軍《あさくられんごうぐん》と織田《おだ》・徳川連合軍《とくがわれんごうぐん》は向《む》き合《あ》ったまま、どちらも動《うご》けなかった。決定打《けっていだ》となりそうな武田軍《たけだぐん》は尾張《おわり》と三河《みかわ》の国境《くにざかい》で様子見《ようすみ》を決《き》め込《こ》んでいた。

「おのれ、武田《たけだ》め、さては漁夫《ぎょふ》の利《り》を狙《ねら》うつもりかっ！」

朝倉義景殿《あさくらよしかげどの》はイラ立《だ》つが、武田軍《たけだぐん》としては積極的《せっきょくてき》に浅井《あざい》・朝倉連合軍《あさくられんごうぐん》に味方《みかた》する義理《ぎり》もない、というのだろう。ただ、このままでは時間《じかん》だけが過《す》ぎていき、また決着《けっちゃく》をつけられないまま兵《へい》を退《ひ》くことになりかねない。織田方《おだがた》の有力武将《ゆうりょくぶしょう》を寝返《ねがえ》らせることができれば……。織田軍《おだぐん》には柴田勝家《しばたかついえ》をはじめとして猛将《もうしょう》が多《おお》いが、その中《なか》で羽柴秀吉《はしばひでよし》は少《すこ》し違《ちが》っていて、無益《むえき》な戦《たたか》いは好《この》まない武将《ぶしょう》だと俺《おれ》は感《かん》じていた。

「可能性《かのうせい》はわずかだとしても、試《ため》してみるのはありかもしれない……」

【金で買収（ばいしゅう）をする】181へ進む

【戦の無意味さを説（と）いてみる】183へ進む

180 ためらい

「寝返《ねがえ》ろ、などとたやすく言《い》ってくれるわ」

俺《おれ》の説得《せっとく》に秀吉《ひでよし》は苦笑《にがわら》いをした。

「信長様《のぶながさま》に取《と》り立《た》ててもらわにゃあ、今《いま》のワシはにゃーでな……」

秀吉《ひでよし》がボソッとつぶやいた。

主《あるじ》を裏切《うらぎ》る、というのはたやすいことではない。俺《おれ》は理解《りかい》している。

俺《おれ》も朝倉義景殿《あさくらよしかげどの》には今《いま》まで不満《ふまん》がないかと言《い》えば、そんなことはない。決断《けつだん》が遅《おそ》い、など何度《なんど》も思《おも》った。それでも恩《おん》があるから、朝倉軍《あさくらぐん》を離《はな》れようとは思《おも》わなかったんだ。

秀吉《ひでよし》も同《おな》じだろう。

「……悪《わる》い。もうしばらく考《かんが》えさせて欲《ほ》しい」

朝倉軍《あさくらぐん》の武将《ぶしょう》である俺《おれ》を警備《けいび》の兵《へい》に突《つ》き出《だ》さなかった。それだけでも脈《みゃく》あり、と考《かんが》えたい……が、どうなるだろう。俺《おれ》にも秀吉《ひでよし》がこの後《あと》どんな行動《こうどう》を取《と》るのか、読《よ》めなかった。

187へ進む

181 買収工作《ばいしゅうこうさく》

夜《よる》になって俺《おれ》は密《ひそ》かに羽柴秀吉《はしばひでよし》の陣《じん》を訪《おとず》れていた。

「誰《だれ》じゃ……？」

幕《まく》の向《む》こうからいぶかしむ声《こえ》がした。

「朝倉《あさくら》の武将《ぶしょう》、斎藤龍高《さいとうたつたか》と申《もう》します」

「ほう……夜分遅《やぶんおそ》うに敵中深《てきちゅうふか》く忍《しの》びこむとはなかなか豪胆《ごうたん》な将《しょう》だ。して、危険《きけん》をおかしてまでワシに会《あ》いに来《き》たのには何《なに》か理由《りゆう》があるのだろうな？」

警備《けいび》の兵《へい》を呼《よ》ばれるかと俺《おれ》は内心《ないしん》ドキドキしていた。

しかし、この様子《ようす》だと話《はなし》だけは聞《き》いてくれるようだ。

「乱世《らんせ》も長《なが》くなり申《もう》した。それゆえ、そろそろ幕引《まくひ》きをするため、秀吉殿《ひでよしどの》には我《われ》らに寝《ね》返《がえ》っていただけませんか？　報酬《ほうしゅう》として望《のぞ》まれるだけの金《かね》をご用意《ようい》しましょう」

幕《まく》の向《む》こうで秀吉《ひでよし》が身《み》を固《かた》くしたのが気配《けはい》でわかった。

182へ進む

182 たわけ者《もの》の最期《さいご》

「ほう……金《かね》なりゃーいくらでも出《だ》すで、朝倉《あさくら》に寝返《ねがえ》ろ、と？」

幕《まく》の向《む》こうから、くっくっくと楽《たの》しげな笑《わら》い声《ごえ》が聞《き》こえた。

これはもしかしたら……と俺《おれ》が思《おも》った矢先《やさき》だった。

「たわけたことを抜《ぬ》かせ！」

勢《いきお》いよく幕《まく》が開《ひら》くと、怒《いか》りで顔《かお》を真《ま》っ赤《か》にした秀吉《ひでよし》が飛《と》び出《だ》してきた。

「ワシが金《かね》で寝返《ねがえ》ると思《おも》われとったとは……斎藤龍高《さいとうたつたか》、おみゃーのことは敵将《てきしょう》ながら、少《すこ》し見所《みどころ》がある思《おも》っとったから、話《はなし》ぐりゃーは聞《き》いてやろうと思《おも》ったのがまちぎゃーだったわ！」

怒《いか》りに震《ふる》える秀吉《ひでよし》にもうどんな弁解《べんかい》も通用《つうよう》しそうにはなかった。

俺《おれ》は秀吉《ひでよし》が呼《よ》んだ織田軍《おだぐん》の兵《へい》たちに取《と》り囲《かこ》まれ、後日斬首《ごじつざんしゅ》を命《めい》じられたのだった。すべては秀吉《ひでよし》のことを見誤《みあやま》った俺《おれ》の自業自得《じごうじとく》、か……。

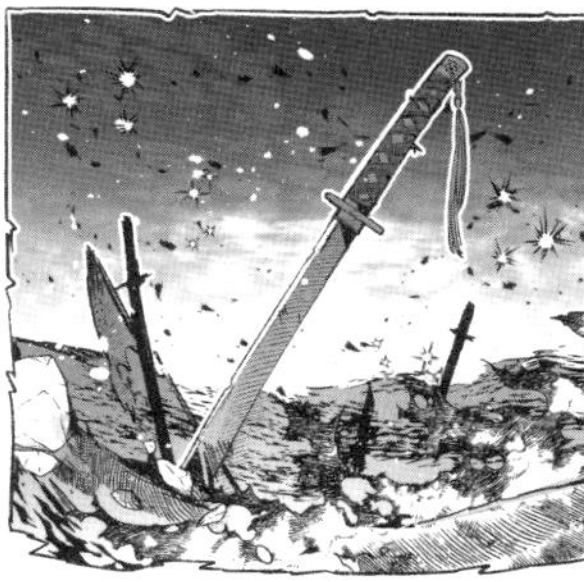

BAD END

183 乱《らん》世《せ》を終《お》わらせるために

幕《まく》がゆっくりと開《ひら》くと、そこには羽柴秀吉《はしばひでよし》の姿《すがた》があった。表情《ひょうじょう》だけでは何《なに》を考《かんが》えているのかは俺《おれ》にはわからなかった。

「もう一度《いちど》言《い》います。乱世《らんせ》を終《お》わらせるため、力《ちから》を貸《か》してください」

「はっ！　面白《おもしろ》いことを言《い》う男《おとこ》だ。乱世《らんせ》を終《お》わらせるためにワシに寝返《ねがえ》ろ、と？　乱《らん》世《せ》を終《お》わらせるのは信長様《のぶながさま》じゃ。朝倉《あさくら》じゃにゃー」

「今《いま》も本心《ほんしん》でそう思《おも》われていますか？」

「あ、当《あ》たり前《まえ》じゃ！」

岐阜城《ぎふじょう》を失《うしな》った織田家《おだけ》は戦力《せんりょく》を残《のこ》しているとはいえ、仮《かり》に浅井《あざい》・朝倉連合軍《あさくられんごうぐん》を破《やぶ》ることができたとしても、その後《あと》には武田軍《たけだぐん》も控《ひか》えている。

「さらに無駄死《むだじ》にを増《ふ》やすおつもりか？」

秀吉《ひでよし》が言葉《ことば》に詰《つ》まった。

184へ進む

184 変《かわ》った奴《やつ》だ

「戦《いくさ》を生業《なりわい》とする武将《ぶしょう》が、無駄死《むだじ》にを増《ふ》やさんために乱世《らんせ》を終《お》わらせようとする。しかもそのためにワシに寝返《ねがえ》ろと言《い》う。……変《かわ》った奴《やつ》だ」

「……かもしれません」

秀吉《ひでよし》は元々《もともと》農民《のうみん》、あるいはそれに近《ちか》い低《ひく》い身分《みぶん》だった、とされる。戦《いくさ》で苦《くる》しむのは大名《だいみょう》や武士《ぶし》ではなくそういう人《ひと》たちだ。だからこそ、秀吉《ひでよし》なら俺《おれ》の言葉《ことば》に共感《きょうかん》してくれる。そう思《おも》った。

「変《かわ》った奴《やつ》だが、ワシはそういう奴《やつ》は嫌《きら》いじゃにゃー」

秀吉《ひでよし》は顔《かお》をくしゃっとゆがめて笑《わら》った。

185へ進む

185

複雑《ふくざつ》な想《おも》い

秀吉《ひでよし》は笑《わら》ったかと思《おも》えば、次《つぎ》には暗《くら》い顔《かお》をしてうつむいた。

「ワシはな、取《と》り立《た》ててくれた恩《おん》もあるが、信長様《のぶながさま》ならこの乱《らん》世《せ》を終《お》わらせてくれる。そう思《おも》ってついてきたんだ。それが延《えん》暦寺《りゃくじ》を焼《や》き討《う》ちにした頃《ころ》から、少《すこ》し怖《こわ》くなってきたんだ」

確《たし》かに比叡山延暦寺《ひえいざんえんりゃくじ》は信長《のぶなが》に敵対《てきたい》した。ただ、焼《や》き討《う》ちでは罪《つみ》もないごく普通《ふつう》の僧《そう》、女子供《おんなこども》まで殺《ころ》された。

「あれは戦《いくさ》なのか？　このまま行《い》くともっとおそぎゃー《おそろしい》ことが起《お》こりそうで……それがワシはおそぎゃー《おそろしい》んだ」

ずっと近《ちか》くで仕《つか》えてきた秀吉《ひでよし》が、信長《のぶなが》という存在《そんざい》が理解《りかい》できず、恐《おそ》ろしいと感じている。

「……だもんで《だから》といって信長様《のぶながさま》を裏切《うらぎ》れるか言《い》われたら、そんな単純《たんじゅん》なものじゃにゃー《ではない》……」

秀吉《ひでよし》の気持《きも》ちもわかる。主《あるじ》を裏切《うらぎ》る、というのはそれだけ重大《じゅうだい》なことだ。
俺《おれ》を含《ふく》めた世間《せけん》の鬼《おに》、魔王《まおう》という信長《のぶなが》のイメージ。
だけど長《なが》く仕《つか》えてきた秀吉《ひでよし》はそれとは違《ちが》う、人間《にんげん》としての信長《のぶなが》も見《み》てきたんだろう。

【動かないでくれればそれでいい】186へ進む
【寝返り（ねがえり）の決断をしてほしい】180へ進む

186 思慮《しりょ》の向《む》こう側《がわ》

「朝倉軍《あさくらぐん》に寝返《ねがえ》り、信長殿《のぶながどの》に弓《ゆみ》を引《ひ》け、とまでは言《い》いません」

「ん？」

俺《おれ》の言葉《ことば》に秀吉《ひでよし》は顔《かお》をあげた。

もちろん羽柴秀吉《はしばひでよし》ほどの有力武将《ゆうりょくぶしょう》が味方《みかた》になってくれれば嬉《うれ》しいし、大《おお》きな戦力《せんりょく》になるだろう。ただ、そこまでを望《のぞ》むのは難《むずか》しいと俺《おれ》は思《おも》っていた。

「浅井《あざい》・朝倉連合軍《あさくられんごうぐん》と織田《おだ》・徳川連合軍《とくがわれんごうぐん》はやがて衝突《しょうとつ》するでしょう。その時《とき》、秀吉殿《ひでよしどの》は動《うご》かないでいてくれればいい。それだけで十分《じゅうぶん》です」

「…………」

秀吉《ひでよし》は考《かんが》え込《こ》んでいる。

いざ決戦《けっせん》の時《とき》、彼《かれ》はどんな結論《けつろん》を出《だ》すのか……。

187へ進む

187 築《きず》かれた柵《さく》

小牧《こまき》の地《ち》で向《む》かい合《あ》った浅井《あざい》・朝倉連合軍《あさくられんごうぐん》と織田《おだ》・徳川連合軍《とくがわれんごうぐん》。両軍《りょうぐん》はいよいよ衝突《しょうとつ》しようとしていた。

戦場《せんじょう》を覆《おお》った霧《きり》が晴《は》れてゆく。そこに朝倉軍《あさくらぐん》が見《み》たのは、織田軍《おだぐん》の陣《じん》の正面《しょうめん》に築《きず》かれた柵《さく》の数々《かずかず》だった。俺《おれ》はピンと来《き》た。あれは馬《うま》の突進《とっしん》を防《ふせ》ぐ、馬防柵《ばぼうさく》だ。

朝倉軍《あさくらぐん》の武将《ぶしょう》たちは「柵《さく》に閉《と》じ籠《こ》もるとは臆病者《おくびょうもの》めが」と口々《くちぐち》に言《い》い合《あ》った。

……いや、俺《おれ》は知《し》っている。騎馬隊《きばたい》の突進《とっしん》を馬防柵《ばぼうさく》で足止《あしど》めしたところを大量《たいりょう》の鉄砲《てっぽう》による一斉射撃《いっせいしゃげき》で大打撃《だいだげき》を与《あた》えた、そんな戦《たたか》いが歴史上《れきしじょう》あったことを。

いわゆる長篠《※ながしの》の戦《たたか》いだ。この戦《たたか》いで戦国最強《せんごくさいきょう》の武田騎馬軍団《たけだきばぐんだん》は大敗《たいはい》した。

仮《かり》にこの時代《じだい》の織田軍《おだぐん》が同《おな》じように大量《たいりょう》の鉄砲《てっぽう》を持《も》っていたら、長篠《ながしの》の戦《たたか》いと同《おな》じことが朝倉軍《あさくらぐん》によって、再現《さいげん》されることになる。

織田軍《おだぐん》に大量《たいりょう》の鉄砲《てっぽう》はあるのか、それとも……。

【念のため、距離（きょり）を取って戦おう】190へ進む

【鉄砲はもうないだろう。正面突破だ！】188へ進む

※長篠の戦い：天正三年（1575）に、三河国の長篠城をめぐって武田軍と織田・徳川の連合軍がぶつかった戦い。

188 全軍突撃《ぜんぐんとつげき》！

ついに両軍《りょうぐん》は衝突《しょうとつ》した。朝倉軍《あさくらぐん》の騎馬隊《きばたい》が守《まも》りを固《かた》める織田《おだ》・徳川連合軍《とくがわれんごうぐん》の馬防柵《ばぼうさく》へと突撃《とつげき》していく。当然俺《とうぜんおれ》もその中《なか》にいた。

心配《しんぱい》なのは敵《てき》が鉄砲《てっぽう》をどれだけ持《も》っているかだ。

でも、岐阜城《ぎふじょう》の戦《たたか》いで織田軍《おだぐん》は大《おお》きな損害《そんがい》を受《う》けた。あの状況《じょうきょう》で大量《たいりょう》の鉄砲《てっぽう》を持《も》ち出《だ》せるはずがないじゃないか。俺《おれ》は突撃《とつげき》しながらそう考《かんが》えていた。

なのに――。

突然《とつぜん》、轟音《ごうおん》が鳴《な》り響《ひび》いた。

この音《おと》は十丁《じゅっちょう》、二十丁《にじゅっちょう》の鉄砲《てっぽう》の音《おと》じゃない。

まさか、織田軍《おだぐん》は敗走《はいそう》しながらもこれだけの鉄砲《てっぽう》を持《も》っていたのか⁉

189へ進む

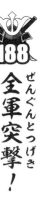

189 後戻《あともど》りはできない

馬防柵《ばぼうさく》にたどり着《つ》くこともできず、朝倉軍《あさくらぐん》の騎馬隊《きばたい》は次々《つぎつぎ》に鉄砲《てっぽう》の餌食《えじき》になっていく。長篠《ながしの》の戦《たたか》いでも武田騎馬軍団《たけだきばぐんだん》はこんな風《ふう》に倒《たお》されていったんだろうか。そんな考《かんが》えが頭《あたま》に浮《う》かんだ。

それでも退《しりぞ》くことはできなかった。ここで足《あし》を止《と》めれば余計《よけい》に良《い》い的《まと》になる。なら、ひたすらに突撃《とつげき》するしかない！

見《み》えた！　見《み》えたぞ！　信長《のぶなが》の馬印《うまじるし》である黄金色《こがねいろ》の唐《から》傘《かさ》、そして永楽通宝《えいらくつうほう》の旗印《はたじるし》だ。あそこに倒《たお》すべき相手《あいて》、信《のぶ》長《なが》がいる！

でも……次《つぎ》の瞬間《しゅんかん》、俺《おれ》の身体《からだ》はぐらりと傾《かたむ》く。鉄砲《てっぽう》の弾《たま》が俺《おれ》の額《ひたい》を撃《う》ち抜《ぬ》いていたんだ。視界《しかい》が真《ま》っ暗《くら》になってゆく。

「信《のぶ》、長《なが》まで……あと、少《すこ》……し……だった、のに……」

BAD END

190 俺《おれ》の策《さく》はこうだ！

浅井《あざい》・朝倉連合軍《あさくられんごうぐん》の騎馬隊《きばたい》はすでに突撃《とつげき》の準備《じゅんび》を整《ととの》えていた。

「少《すこ》しお待《ま》ちください。私《わたし》に、ひとつ策《さく》があります」

朝倉義景殿《あさくらよしかげどの》、浅井長政殿《あざいながまさどの》がいる中《なか》、出陣前《しゅつじんまえ》の軍議《ぐんぎ》の場《ば》で俺《おれ》は武将《ぶしょう》たちにそう切《き》り出《だ》した。皆《みな》、敵陣《てきじん》に突撃《とつげき》、それ以外《いがい》に何《なん》の策《さく》があるのか、という顔《かお》をしている。

織田《おだ》・徳川連合軍《とくがわれんごうぐん》がどれだけの鉄砲《てっぽう》を持《も》っているかわからない以上《いじょう》、無理《むり》な突撃《とつげき》をせず、鉄砲隊《てっぽうたい》の射程《しゃてい》ぎりぎりのところで戦《たたか》うことを俺《おれ》は提案《ていあん》した。

鉄砲《てっぽう》には弱点《じゃくてん》がある。遠距離《えんきょり》になればなるほど、弾《たま》の威力《いりょく》が落《お》ちること。そして一《いち》度発射《どはっしゃ》してしまうと次《つぎ》の弾《たま》を込《こ》めるまで時間《じかん》がかかることだ。

「つまり、最初《さいしょ》は距離《きょり》を取《と》って戦《たたか》い、次《つぎ》の弾込《たまご》めの時間《じかん》を利用《りよう》して突撃《とつげき》をしろ、と？

そんなことができるのか？」

武将《ぶしょう》たちからは疑問《ぎもん》の声《こえ》があがる。当然《とうぜん》のことだ。

それなら――。

191へ進む

191 弾《たま》が止《や》む時《とき》

「言《い》い出《だ》したのは私《わたし》。ならばこの策《さく》、私《わたし》が実際《じっさい》にやってみせましょう」

もし成功《せいこう》すれば長篠《ながしの》の戦《たたか》いの再現《さいげん》は避《さ》けることができる。最悪《さいあく》、失敗《しっぱい》しても失《うしな》われるのは俺《おれ》の部隊《ぶたい》だけで浅井《あざい》・朝倉連合軍《あさくられんごうぐん》の主力《しゅりょく》は残《のこ》ったままだ。

「では、参《まい》る！」

俺《おれ》は馬《うま》を走《はし》らせる。後《あと》には俺《おれ》の配下《はいか》の騎馬隊《きばたい》が続《つづ》く。

すると、鉄砲《てっぽう》の轟音《ごうおん》が響《ひび》いた。やはり織田軍《おだぐん》はこれだけの鉄砲《てっぽう》をまだ持《も》っていたんだ。

俺《おれ》のほほ、腕《うで》を弾《たま》がかすめていく。大丈夫《だいじょうぶ》だ、この距離《きょり》なら当《あ》たっても命《いのち》を落《お》とすほどの傷《きず》を負《お》うことはない。事前《じぜん》に命令《めいれい》したとおり、この線《せん》で配下《はいか》の騎馬隊《きばたい》は織田軍《おだぐん》を挑発《ちょうはつ》するように縦横《じゅうおう》に馬《うま》を走《はし》らせる。そこにまた弾《たま》が飛《と》んでくる。その繰《く》り返《かえ》しだ。そして——弾《たま》が止《や》んだ。

「いまだ！　弾込《たまご》めが終《お》わる前《まえ》に、織田《おだ》の鉄砲隊《てっぽうたい》を蹴散《けち》らせ！」

192へ進む

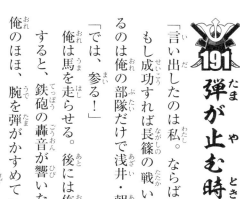

192 立《た》ち塞《ふさ》がったのは……

鉄砲隊《てっぽうたい》が静《しず》かになったすきに、俺《おれ》は織田軍《おだぐん》の陣地《じんち》へと馬《うま》を走《はし》らせた。

ただ、実《じつ》は不安《ふあん》があった。長篠《ながしの》の戦《たたか》いでは三交代《さんこうたい》で次々《つぎつぎ》に鉄砲《てっぽう》を発射《はっしゃ》した、という有名《ゆうめい》な鉄砲隊《てっぽうたい》の※三段撃《さんだんう》ちだ。あれをこの戦《たたか》いでもやってきたら……いや、ここまできて迷《まよ》うんじゃない！　自分《じぶん》を信《しん》じて突撃《とつげき》するしかないだろう！

織田軍《おだぐん》の鉄砲隊《てっぽうたい》が後《うし》ろに下《さ》がるのが見《み》えた。その後《うし》ろに控《ひか》えていたのはもう一隊《いったい》の鉄《てっ》砲隊《ぽうたい》！　あの旗印《はたじるし》は羽柴秀吉《はしばひでよし》のものだ。

目《め》の前《まえ》の馬防柵《ばぼうさく》を越《こ》えれば信長《のぶなが》の本陣《ほんじん》まであとわずか。あそこにたどり着《つ》ければ俺《おれ》たちの勝利《しょうり》なんだ。

なのにここで秀吉《ひでよし》が俺《おれ》の前《まえ》に立《た》ち塞《ふさ》がるなんて……。

どう出《で》るつもりだ、秀吉《ひでよし》は⁉

俺《おれ》は息《いき》をのんだ。

193へ進む

※三段撃ち：最近では実際には行われなかったという説もある。

193 信長《のぶなが》の首《くび》

秀吉《ひでよし》の部隊《ぶたい》は鉄砲《てっぽう》を構《かま》えたまま動《うご》かなかった。その横《よこ》を俺《おれ》の部隊《ぶたい》が走《はし》り抜《ぬ》けてゆく。俺《おれ》の説得《せっとく》に応《こた》えてくれたのか、それとも彼《かれ》なりに何《なに》か思《おも》うところがあったのか、とにかく秀吉《ひでよし》は動《うご》かなかった。

有力武将《ゆうりょくぶしょう》である羽柴秀吉《はしばひでよし》が敵《てき》を前《まえ》にして動《うご》かない、という情報《じょうほう》は織田軍《おだぐん》を動揺《どうよう》させた。これは負《ま》け戦《いくさ》だといち早《はや》く察《さっ》した兵《へい》たちが逃《に》げ惑《まど》う。混乱《こんらん》する織田軍《おだぐん》の中《なか》を俺《おれ》は一直線《いっちょくせん》に織田信長《おだのぶなが》目《め》がけて馬《うま》を走《はし》らせた。

初《はじ》めて直接目《ちょくせつめ》にする信長《のぶなが》。身体《からだ》は武将《ぶしょう》にしては細《ほそ》い。なのに、その射《い》るような目《め》は俺《おれ》をひるませた。これが第六天魔王《だいろくてんまおう》とまで呼《よ》ばれた存在《そんざい》なのか。

「ようやく父《ちち》の仇《かたき》を取《と》れる……斎藤龍高《さいとうたつたか》が織田信長《おだのぶなが》の首《くび》、頂戴《ちょうだい》いたす！」

「……であるか」

刀《かたな》が振《ふ》り下《お》ろされる瞬間《しゅんかん》でさえ、信長《のぶなが》は微動《びどう》だにせず、その鋭《するど》い眼差《まなざ》しで俺《おれ》をにらみつけていた。

194へ進む

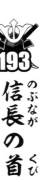

194 新《あら》たなる難関《なんかん》

織田信長《おだのぶなが》は小牧《こまき》の地《ち》で果《は》てた。

信長《のぶなが》の首《くび》を取《と》った俺《おれ》はその功績《こうせき》から、朝倉義景殿《あさくらよしかげどの》によって岐阜城《ぎふじょう》を与《あた》えられた。

と、そこまではいいんだ。

「朝倉《あさくら》の姫《ひめ》を妻《つま》に迎《むか》えろ、だって⁉」

思《おも》わず使者《ししゃ》に向《む》かって俺《おれ》は大声《おおごえ》を出《だ》していた。主君《しゅくん》の一族《いちぞく》の姫《ひめ》を妻《つま》にするなんて破格《はかく》の扱《あつか》いだ。それはわかってるけど、俺《おれ》は歳《とし》からすればまだまだ子供《こども》なわけで……いや、戦国時代《せんごくじだい》はそれくらいの歳《とし》で結婚《けっこん》するのは普通《ふつう》だってのは知《し》ってる。

ただ、一度《いちど》も会《あ》ったことのない姫《ひめ》だぞ？　それを明日《あす》から妻《つま》にしろ、なんて言《い》われても……そんな覚悟《かくご》なんてすぐにできるもんかっ！

「でも、義景殿《よしかげどの》の意向《いこう》に背《そむ》くこともできない……ううっ、どうしたらいいんだ⁉」

これは戦場以上《せんじょういじょう》に難関《なんかん》だ。

195へ進む

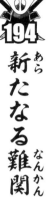

195 突然《とつぜん》の来訪《らいほう》

「かーっかっか、若殿《わかどの》、男《おとこ》ならば覚悟《かくご》を決《き》められることじゃな!」

久《ひさ》しぶりに会《あ》った堀池《ほりいけ》の爺《じい》。西教寺《さいきょうじ》が焼《や》かれた時《とき》に行方《ゆくえ》知《し》れずになって、てっきり……と思《おも》っていたのに、ふらりと現《あらわ》れたかと思《おも》えばこれだ。

再会《さいかい》を喜《よろこ》ぶ感動《かんどう》の瞬間《しゅんかん》もなにもない。

俺《おれ》の生《う》まれるずっと前《まえ》から戦場《せんじょう》を駆《か》けていた爺《じい》は俺《おれ》の想像以《そうぞうい》上《じょう》にしぶとい。そんな爺《じい》だ。岐阜城主《ぎふじょうしゅ》にまでなった俺《おれ》のことを相変《あいか》わらず子供扱《こどもあつか》いだ。

「いや、失礼《しつれい》いたした。しかし、めでたいことではござらんか! そうか、若殿《わかどの》もついに嫁《よめ》をもらう年頃《としごろ》になられたか!」

「待《ま》ってくれ。まだもらうと決《き》めたわけじゃない」

「なら、お断《ことわ》りなされるのか!?」

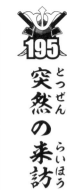

ぎろりと爺《じい》が俺《おれ》のことをにらみつけてくる。

簡単《かんたん》に断《ことわ》ることができないから俺《おれ》も困《こま》っているんじゃないか。

「……わかった。一度《いちど》会《あ》ってみよう。ただし、先方《せんぽう》が俺《おれ》のことを気《き》に入《い》るかどうかはわからんぞ？　向《む》こうから断《ことわ》ってくることも考《かんが》えられる」

内心《ないしん》俺《おれ》はそうなって欲《ほ》しいと思《おも》っていた。

その時《とき》、姫《ひめ》の訪問《ほうもん》を告《つ》げられた。

はあ？　仕方《しかた》ないから会《あ》ってみようと思《おも》ったものの、急《きゅう》に来《く》るなんて聞《き》いてないぞ！

もう少《すこ》し心《こころ》の準備《じゅんび》というものを……いや、俺《おれ》は今《いま》や岐阜城《ぎふじょう》主《しゅ》なんだ。取《と》り乱《みだ》したところを見《み》せるわけにいかない。そうじゃないと爺《じい》にまた子供扱《こどもあつか》いされてしまう。

「う、うむ……通《とお》せ」

俺《おれ》の強《こわ》ばった表情《ひょうじょう》を見《み》て、爺《じい》がくっと笑《わら》った気《き》がしたが、気《き》のせいだろう。

196へ進む

196 初対面《しょたいめん》の君《きみ》

岐阜城内《ぎふじょうない》の一室《いっしつ》にすでに姫《ひめ》はいた。顔《かお》を伏《ふ》せているため、表情《ひょうじょう》は見《み》えない。

「お、おほん……照姫殿《てるひめどの》と申されたか。お初《はつ》にお目《め》に……」

「くすくすくす」

照姫《てるひめ》は顔《かお》を伏《ふ》せたまま、おかしそうに笑《わら》った。俺《おれ》は何《なに》もおかしなことは言《い》ってないぞ？

初対面《しょたいめん》なのになんて失礼《しつれい》な姫《ひめ》だ。

「初《はつ》ではございませんよ。照《てる》のことを、もうお忘《わす》れですか？」

顔《かお》をあげたのは、一乗谷《いちじょうだに》のお城《しろ》で何度《なんど》も会《あ》った名《な》も知《し》らぬ姫《ひめ》だった。

「あら、ぼうっとなさって……照《てる》が妻《つま》ではお気《き》に召《め》しませんか？」

「そ、そんなこと……むしろお気《き》に召《め》す……いや、俺《おれ》は何《なに》を言《い》ってるんだ⁉」

かくしてこの戦国時代《せんごくじだい》で俺《おれ》は岐阜城主《ぎふじょうしゅ》、そして朝倉家《あさくらけ》の重臣《じゅうしん》となり、照姫《てるひめ》と仲睦《なかむつ》まじい平穏《へいおん》な日々《ひび》を手《て》に入《い》れたのだった。

HAPPY END

正史《せいし》の紹介《しょうかい》

明智光秀《あけちみつひで》と本能寺《ほんのうじ》の変《へん》

龍高《たつたか》の行動《こうどう》によって、この本《ほん》で日本《にほん》がたどる歴史《れきし》は、私《わたし》たちが暮《く》らす日本《にほん》の歴史《れきし》（以降《いこう》は正史《せいし》と呼《よ》びます）とは大《おお》きくずれたものになっています。ここでは、本書《ほんしょ》でたどった歴史《れきし》と正史《せいし》のおもな違《ちが》いについて、簡単《かんたん》に説明《せつめい》していきます。そうした関係上《かんけいじょう》、本文《ほんぶん》の内容《ないよう》にも触《ふ》れますので、ご注意《ちゅうい》ください。

本書《ほんしょ》では主人公《しゅじんこう》と親《した》しくしている明智光秀《あけちみつひで》。美濃斎藤家《みのさいとうけ》と関係《かんけい》の深《ふか》い人物《じんぶつ》であることに違《ちが》いはありませんが、正史《せいし》では織田信長《おだのぶなが》に仕《つか》えています。将軍《しょうぐん》や京都《きょうと》の貴族《きぞく》と交友《こうゆう》があったらしく、彼《かれ》らと信長《のぶなが》のパイプ役《やく》として活躍《かつやく》し、戦《たたか》いでも多《おお》くの功績《こうせき》をあげて、信長《のぶなが》から高《たか》い評価《ひょうか》を得《え》ていました。

しかし、天正《てんしょう》十年《ねん》（一五八二）に突如《とつじょ》信長《のぶなが》を裏切《うらぎ》り、本能寺《ほんのうじ》に滞在《たいざい》していた信長《のぶなが》を打倒《だとう》しています。正史《せいし》では信長《のぶなが》を倒《たお》した人物《じんぶつ》なのです。

朝倉義景《あさくらよしかげ》と浅井長政《あざいながまさ》

朝倉《あさくら》と浅井《あざい》の連合軍《れんごうぐん》が信長《のぶなが》と対立《たいりつ》したところまでは正史《せいし》でも同《おな》じです。やはり姉川《あねがわ》では榊原康政《さかきばらやすまさ》の奇襲《きしゅう》を受《う》けて敗北《はいぼく》し、その後《あと》、将軍足利義昭《しょうぐんあしかがよしあき》の仲介《ちゅうかい》で和睦《わぼく》しています。姉《あね》川《がわ》での敗北《はいぼく》は、本書以上《ほんしょいじょう》の大敗《たいはい》でした。

朝倉《あさくら》・浅井《あざい》と織田《おだ》は再《ふたた》び対立《たいりつ》することになりますが、織田軍《おだぐん》が浅井氏《あざいし》の本拠地《ほんきょち》である小谷城《おだにじょう》に迫《せま》った際《さい》、朝倉軍《あさくらぐん》はあっさり軍《ぐん》を引《ひ》き上《あ》げてしまいます。連携《れんけい》が途絶《とだ》えたことで、朝倉《あさくら》、浅井《あざい》と順番《じゅんばん》に織田軍《おだぐん》に滅《ほろ》ぼされてしまう結果《けっか》となりました。姉川《あねがわ》での大敗《たいはい》が尾《お》を引《ひ》いていたともいわれます。

ちなみにお市《いち》の方《かた》は助《たす》け出《だ》されて織田《おだ》に戻《もど》り、浅井長政《あざいながまさ》との子《こ》が、のちに豊臣秀吉《とよとみひでよし》や徳《とく》川秀忠《がわひでただ》（家康《いえやす》の子《こ》）に嫁《とつ》いでいます。

豊臣秀吉《とよとみひでよし》による天下統一《てんかとういつ》

朝倉《あさくら》・浅井《あざい》を打倒《だとう》したのちの天正《てんしょう》三年《ねん》（一五七五）、織田信長《おだのぶなが》は火縄銃《ひなわじゅう》を活用《かつよう》して武田《たけだ》の軍勢《ぐんぜい》を滅《ほろ》ぼします（長篠《ながしの》の戦《たたか》い）。天《てん》皇《のう》から右近衛大将《うこんえのだいしょう》という高《たか》い位《くらい》の役職《やくしょく》を与《あた》えられ、権威《けんい》を失《うしな》っていた将軍《しょうぐん》の足利義昭《あしかがよしあき》に代《か》わり、実質的《じっしつてき》な武士《ぶし》のトップに君臨《くんりん》します。そして、抵抗《ていこう》する勢力《せいりょく》を従《したが》えようと戦《たたか》い続《つづ》けていたなかで、明智光秀《あけちみつひで》の裏切《うらぎ》りにあいます。

本書《ほんしょ》で羽柴《はしば》と名乗《なの》っていた秀吉《ひでよし》ですが、信《のぶ》長《なが》が本能寺《ほんのうじ》で倒《たお》れたのち、織田勢力《おだせいりょく》を受《う》け継《つ》いで天下統一《てんかとういつ》を果《は》たしています。そして関《かん》白《ぱく》という天皇《てんのう》に助言《じょげん》をする役職《やくしょく》についたのですが、このときに豊臣《とよとみ》という姓《せい》を名乗《なの》るようになります。

あとがき

著者《ちょしゃ》の瀬多海人《せたかいと》と申《もう》します。ほとんどの人《ひと》ははじめましてだと思《おも》うのですが、普段《ふだん》はゲームアプリや家庭用《かていよう》ゲーム機《き》のシナリオライター、つまりストーリーを作《つく》る仕事《しごと》をしているので、知《し》らず知《し》らずのうちにどこかで遊《あそ》んでもらっているかもしれません。

昔《むかし》から小説《しょうせつ》やマンガでは歴史《れきし》ｉｆものは人気《にんき》のテーマです。今作《こんさく》では「もし現代《げんだい》の中学生《ちゅうがくせい》が戦国時代《せんごくじだい》に生《う》まれ変《か》わり、織田信長《おだのぶなが》と戦《たたか》うことになったら？」をテーマにストーリーが展開《てんかい》されていきます。しかもこれはゲームブック。決《き》められた一本道《いっぽんみち》ではありません。「この場面《ばめん》で自分《じぶん》ならどうするだろう」と選択《せんたく》をすることでストーリーは変化《へんか》していきます。途中《とちゅう》には有名《ゆうめい》な武将《ぶしょう》たちとの出会《であ》い、戦《たたか》いなど様々《さまざま》な展開《てんかい》が待《ま》っていることでしょう。

さて、果《は》たしてあなたは戦国時代《せんごくじだい》を生《い》き延《の》び、最大《さいだい》の敵《てき》である織田信長《おだのぶなが》を倒《たお》すことができるでしょうか？　もしかしたら信長《のぶなが》を倒《たお》す以外《いがい》の選択肢《せんたくし》も……？

結末《けつまつ》はすべてあなたの選択次第《せんたくしだい》。もしあそこで別《べつ》の選択肢《せんたくし》を選《えら》んでいたら違《ちが》う結末《けつまつ》だったのかも……なんて考《かんが》えながら、何度《なんど》も繰《く》り返《かえ》し遊《あそ》んでもらえたらうれしいです。

瀬多海人（せた・かいと）

日本脚本家連盟ライタースクールを経て、水原明人ゼミ、富田祐弘ゼミに在籍。大学在学中より某ゲーム制作会社にてライター活動を開始した後、非電源系（TCG、TRPGなど）、本名名義で歴史記事などの執筆、そして現在はゲームシナリオを中心に活動をする。日本ゲームシナリオライター協会（Japan Game ScenarioWriters Association）正会員。

イラスト	匈歌ハトリ
デザイン	井上祥邦（yockdesign）
DTP	冨永恭章＋Jane Lauren（クリエイティブ・スイート）
カバーデザイン	next door design
編集協力	遠藤昭徳＋吉田暖（クリエイティブ・スイート）
校正・校閲	株式会社ぷれす　村上理恵

天下分け目の頭脳戦
最強最悪の信長軍を倒せ！

著　者　瀬多海人
イラスト　匈歌ハトリ
発行者　池田士文
印刷所　萩原印刷株式会社
製本所　萩原印刷株式会社
発行所　株式会社池田書店
〒162-0851
東京都新宿区弁天町43番地
電話 03-3267-6821（代）
FAX 03-3235-6672

落丁・乱丁はお取り替えいたします。

ISBN 978-4-262-15736-8